Rue du Prolétaire rouge

Ouvrage de
Jean Kéhayan

Le tabouret de Piotr
Éditions du Seuil, 1980

Nina et Jean Kéhayan

Rue du Prolétaire rouge

DEUX COMMUNISTES FRANÇAIS
EN URSS

Éditions du Seuil

Cet ouvrage a été édité
aux éditions du Seuil
sous la direction de Jean-Pierre Barou.

EN COUVERTURE : portrait du maréchal L. I. Brejnev par Ivan Penzov, exposé à la galerie Trétiakov pour le 70e anniversaire du chef d'État, et reproduit dans le mensuel soviétique à grand tirage *Ogoniok*.

ISBN 2-02-005060-9.

AVERTISSEMENT DES AUTEURS

Les chapitres intitulés : Née communiste; Deux petits Français et Lénine; La grande amitié des peuples; La vitrine et l'arrière-boutique; Femmes, un jour par an; L'individu quand même... *ont été écrits par Nina Kéhayan.*

Les chapitres intitulés : Communiste pour venger mon père; Deux loyaux coopérants; Rue du Prolétaire rouge; La voie royale; A quand le communisme pour les kolkhoziens?; Qu'est-ce qui fonctionne bien? L'alcootest; Comment savoir?... *ont été ecrits par Jean Kéhayan.*

Les auteurs ont rédigé en commun le prologue *et* la conclusion.

Prologue

Militants du Parti communiste français, vingt-cinq ans dans les années 1970 : il ne nous était pas possible à cette époque de ne pas nous référer de façon constante à l'URSS, sinon comme modèle à imiter en tous points, du moins comme guide, inspirateur privilégié et de toute façon un exemple à vénérer pour son rôle dans l'Histoire.

Les circonstances faisant que l'un, journaliste, avait la curiosité de sa profession, et que l'autre parlait russe, le désir de confronter la réalité soviétique et ce que nous croyions en connaître, nous a poussés jusqu'à Moscou avec nos deux jeunes enfants.

Nous y avons travaillé deux ans — au service de la propagande soviétique — de septembre 1972 à septembre 1974. A notre demande, le Comité central du PCF avait servi d'intermédiaire pour que cette expérience puisse s'accomplir — pratique courante dans les rapports entre deux partis communistes.

Connaissant déjà l'URSS grâce à de nombreux séjours touristiques ou professionnels, nous pensions n'ignorer que peu de choses du pays et des difficultés qu'il avait encore à surmonter dans sa marche en avant. Pourtant, notre séjour ne sera qu'une succession de découvertes : parfois heureuses, notamment lorsqu'elles nous plongèrent dans les abîmes d'une amitié chaleureuse, faite de générosité directe ; mais aussi terriblement déconcertantes, souvent dramatiques, créant en nous un malaise qui n'a fait que s'accroître au cours des deux années et qui s'est prolongé à notre retour par quatre ans de silence.

En premier lieu, peut-être, le silence des grands accidentés, de ceux dont le traumatisme s'accompagne d'un long mutisme. Silence angoissant. Intolérable...

Silence complice.

Dès notre retour, nous avons été pris dans le piège vicieux qui consiste à remettre à plus tard ce qui n'est pas à l'ordre du jour. Il a fallu nous recycler à la vie en France avec le désir frénétique d'oublier le long cauchemar qui nous avait bouleversés. Nous nous sommes jetés à corps perdu dans la vie professionnelle et militante à une période d'une richesse extrême : réactualisation du Programme commun, élections cantonales, municipales, puis législatives de mars 1978, grosses de promesses de succès.

Et puis le XXIIe congrès du PCF avait réglé le sort de nos rapports avec l'URSS. On nous conseillait de ne pas brûler les étapes, de ne pas heurter les vieux camarades. Bref, ce n'était jamais le moment de jouer les mouches du coche.

Nous avons ainsi volontairement, consciemment, accepté notre propre normalisation. Nous avons, par notre silence concerté, prolongé de plein gré notre douleur. Mais, après tout, qu'importent nos douleurs? Là n'était pas l'essentiel. Plus grave était notre participation — passive par son silence, mais terriblement active dans le mensonge par omission — à une supercherie politico-historique organisée à grande échelle. Supercherie et duplicité qui auraient dû nous crever les yeux : tous les responsables de notre parti ne sont-ils pas eux-mêmes parfaitement informés de la situation intérieure de l'URSS — autant que nous? Il leur arrive de parler entre eux de la politique des dirigeants soviétiques avec le plus profond mépris. Mais cela ne les empêche pas d'accepter cette situation comme un *statu quo* inéluctable et de se persuader que c'est là un mal nécessaire, à assumer, l'encadrement policier du régime soviétique étant sans faille et la dépolitisation des masses totale. Un peu comme si l'on avait admis une fois pour toutes que le peuple soviétique doit se sacrifier pour notre quiétude, que la légitimité de la révolution d'Octobre est éternelle et que la voie qu'elle a tracée ne peut sous aucun prétexte être modifiée, même en présence de preuves irréfutables de trahison.

En 1972, à notre départ, nombreux étaient encore ceux qui accolaient le qualificatif d'enfer ou de paradis à l'Union soviétique. Les uns comme les autres se limitaient à cette définition du socialisme, à savoir : les moyens de production entre les mains de l'État, sans prendre en considération le moindre apport qualitatif. Tout communiste de par le monde était en droit de tenir l'Union soviétique pour un pays d'avant-garde.

Or, ce phénomène n'a pu se produire que grâce à notre complicité, la nôtre et celle de centaines de communistes qui avaient vécu aussi douloureusement que nous le même type d'expérience.

Notre attachement filial, quasiment amoureux, à l'URSS nous a contraints à nous voiler la face et à nier l'évidence au nom des intérêts supérieurs du Parti, des raisons d'État. Rien ne devait entraver la marche en avant du mouvement ouvrier international. Durant quatre ans, nous avons relégué au fond de nos consciences militantes et disciplinées la rédaction de cet ouvrage. Nous avons cru, comme bien d'autres camarades, qu'il suffisait que notre parti condamne ponctuellement certains égarements de l'URSS pour devenir un parti neuf, « aux couleurs de la France ». Nous nous sommes laissé bercer par le verbe du XXIIe congrès. Toutes les prises de position de notre parti et son rôle, notamment dans l'affaire Pliouchtch, étaient même de nature à nous rassurer.

Ce sinistre jeu de petits pas aurait pu durer éternellement à la grande satisfaction de tous. Mais les événements, qui se sont produits au sein du PCF après l'échec des élections de mars 1978, nous ont donné comme un coup de fouet et mis à nu nos illusions : le refus des instances supérieures du Parti d'accepter qu'un débat s'ouvre à l'intérieur de sa propre presse, les accusations portées contre ceux qui se sont exprimés — contraints et forcés — dans la « presse bourgeoise », le mépris brutalement déclaré à l'adresse des intellectuels, la peur de l'autocritique, de l'analyse approfondie. Autant de faits et de symptômes qui nous ont fait sursauter. Parce que, brusquement, nous sentions autour de nous, dans notre microcosme de militants, l'odeur âcre de la vie politique soviétique. Nous découvrions des éditoriaux dans lesquels on déclarait péremptoirement à des militants qu'ils s'étaient trompés de parti, comme l'on disait à Moscou que Soljénitsyne s'était trompé de pays. Nous recevions en pleine figure la pesanteur d'un appareil qui refuse de progresser dans la voie de la démocratie, et de s'aider de la confrontation des idées par l'expression libre de la pensée. Quel facteur, sinon la pratique soviétique, peut donc modifier le comportement de dirigeants qu'anime la crainte d'être débordés par la base et qui regardent d'un mauvais œil les luttes spontanées, qualitatives, n'obéissant ni au contrôle ni à la direction du Parti? Dans ces conditions, comment ne pas avoir peur d'exprimer des idées simples dans la presse bourgeoise, comment ne pas avoir peur de dévier en réunions du discours de *l'Humanité* sous peine d'être taxé d'intellectuel suspect et de mauvais militant? Pire, d'être rappelé grossièrement à l'ordre par des permanents chargés de vous remettre dans le droit chemin.

Manier plusieurs langages, celui de l'intérieur et celui de l'extérieur, ne pas tout dire à tous, ne pas tout expliquer au nom de différences culturelles, de niveaux de compréhension ou de degrés dans la hiérarchie militante : nous retrouvions dans notre parti la plaie ouverte qui nous avait donné la nausée en URSS.

A partir du moment où la moindre concession à la vérité

est admise, les concepts de démocratie et de confiance dans les masses perdent peu à peu leur sens. De compromission en compromission l'on finit par accepter, consciemment ou non, de déléguer à un appareil un pouvoir de décision plus ou moins satisfaisant mais de toute façon sans rapport avec sa propre conscience. Une fois pris dans les filets de cet engrenage, la seule possibilité de révolte réside dans la démission du Parti — comme si rendre sa carte libérait d'un certain nombre de contraintes et pouvait par là même tuer le cancer qui nous ronge en permanence. Mais c'est oublier que l'adhésion au Parti communiste est un acte volontaire, qui n'appartient qu'à soi-même : et que personne, aucun dirigeant, aucun appareil, n'a le droit de faire pression sur un individu pour l'obliger à renoncer à son idéal.

Avant le voyage à Moscou, nos responsables nous avaient demandé de bien réfléchir car, selon leur propre dire, 90 % des camarades qui faisaient ce type d'expérience étaient définitivement perdus pour le Parti. Cette statistique prend pour nous tout son sens aujourd'hui. Parce que nous avons résolument choisi de rester au nombre des 10 % de fidèles, persuadés que toute transformation révolutionnaire dans notre pays passe par le Parti communiste et qu'aussi douloureux soit le processus de sa désoviétisation, il est inéluctable.

Certes, on ne peut demander aux générations qui ont physiquement vécu la révolution d'Octobre 1917 de réviser d'un jour à l'autre leur serment solennel de fidélité; si elles ont formé des militants à leur image, c'était moins pour pérenniser une situation anormale que parce qu'elles avaient l'intime conviction que la voie royale vers un avenir radieux de l'humanité était enfin tracée. Il ne fait aucun doute qu'au lendemain des dix jours qui ébranlèrent le monde, tout homme de bonne volonté ne pouvait qu'être pris d'un vertige d'admiration devant l'idéalisme et la générosité des premiers bolcheviks.

Mais il est vrai aussi qu'aujourd'hui tout homme de bonne volonté, qui connaît un tant soit peu les avatars subis par cet idéalisme et cette générosité, ne peut que se poser des questions d'une infinie gravité sur lui-même et sur le rôle fondamental du mensonge dans l'Histoire.

Dans dix ans, peut-être, nos enfants nous questionneront sur les massacres au Cambodge communiste, et pourrons-nous, sans mauvaise foi ni honte, leur répondre que nous ne savions pas! Trop de faits révoltants ont été accumulés ces dernières années en URSS pour qu'un militant communiste de France ou d'ailleurs puisse ne pas considérer avec une angoisse profonde le devenir de ce pays et par là même de sa propre pensée politique.

Après les déportations massives des Tchétchènes où des Tatars de Crimée, après les millions de victimes de la collectivisation des terres, le socialisme a-t-il encore besoin, pour être instauré, de condamner Paradjanov pour homosexualité; de déchoir Rostropovitch, le plus grand violoncelliste du monde, de sa nationalité; d'envoyer Chtcharansky et Orlov au goulag en mêlant au réquisitoire l'accusation d'alcoolisme? Les procès à huis clos, les jugements expéditifs, les disparitions ou les échanges : la liste des forfaits commis par la justice soviétique est bien trop longue pour que quiconque se réclamant du socialisme puisse les admettre.

Et si l'on peut aujourd'hui dénombrer les millions de victimes physiques de Staline, on ne pourra certainement jamais dire combien d'assassinats moraux et intellectuels il a perpétrés de par le monde.

Pourtant, aux yeux des autorités soviétiques. le seul fait de protester contre ces parodies de justice est. en vertu des accords d'Helsinki, une ingérence dans leurs affaires intérieures. Mais quel communiste français n'a pas été indigné lorsqu'à la veille de chaque échéance électorale la diplomatie soviétique a grossièrement pesé de tout son poids en faveur de la droite, en omettant évidemment d'en informer son opinion intérieure? Il est vrai que ces trente dernières années de socialisme policier et d'organisation sociale monolithique ont réussi à totalement extirper d'un peuple de deux cent cinquante millions d'habitants le concept d'opinion publique, de lutte, et de pouvoir des individus à influer sur la marche du monde. Le triomphe d'un économisme d'État — fût-il misérable — a annihilé et détruit le sentiment de révolte. A partir du moment où la revendication du droit à la différence ou l'esprit critique sont qualifiés d'activités antisoviétiques ou de parasitisme, il ne reste plus qu'à emprunter servilement la voie tracée d'avance pour avoir droit au noble titre de citoyen de l'Union soviétique.

Il est trop simple, trop facile d'isoler ponctuellement ces faits, même si c'est pour les condamner : ils ne sont rien de moins que les symptômes d'une tumeur maligne qui ne cesse de s'étendre sur le corps d'un appareil, d'un État, d'un peuple dont on est en droit de penser qu'il s'est battu et sacrifié pour un idéal autrement plus noble que la réalité qui nous est donnée aujourd'hui.

Dans ces conditions, comment s'expliquer que tant de générations de communistes français honnêtes, sincères aient pu se laisser abuser avec autant de naïveté?

Il ne fait pas de doute que les services de propagande soviétique ont mis au point un système d'information leur permettant tous les abus de confiance.

Depuis de longues années, l'URSS diffuse dans la plupart des pays occidentaux ses livres, ses films, ses spectacles prestigieux. Toute ombre ou réticence sont bien vite balayées par une prestation des Chœurs de l'Armée rouge, des ballets du Bolchoï ou du Cirque de Moscou. La glorieuse construction du deuxième transsibérien donne lieu à de longs reportages confortant dans l'idée que, si la technique soviétique progresse à ce rythme, le reste de la vie du pays suit fatalement et que les bavures ne sont que passagères.

Les concepts de démocratie, de participation du citoyen soviétique à l'élaboration de la vie politique et sociale de son pays, sont habilement dosés dans les brochures de Moscou. Et, finalement, lorsqu'on a besoin de croire en quelque chose, pourquoi tenter de vérifier? L'agence Intourist est passée maître dans l'art d'organiser des voyages de huit à quinze jours à Moscou ou Leningrad et chacun peut — pour un prix défiant toute concurrence — constater de ses propres yeux la marche en avant du socialisme et balayer d'un revers mental tous les ragots concernant la consommation, les prix, la crise du logement, l'absence de liberté, etc. Sans nul doute, le voyage à Moscou reste pour les public-relations soviétiques le plus efficace des atouts : imaginez des touristes russes à Paris ne parlant pas notre langue et cherchant sincèrement pendant quinze jours, entre tour Eiffel, Panthéon et Champs-Élysées, à rencontrer les dix-sept millions de Français pauvres dont la presse soviétique parle régulièrement!

Touristes français à Moscou et touristes soviétiques à Paris. Nous voici déjà dans le piège des comparaisons d'où il est bien difficile de sortir tant nos esprits ont été pétris par cette manière de penser. Ainsi... il y a un problème de logement à Moscou, mais les loyers sont les plus bas du monde... Il y a un problème de liberté, mais le droit au travail est assuré à tous... Le prix des chaussures reste encore astronomique, mais la santé est gratuite.

Ce système de comparaison qui conduit les touristes à énumérer les mérites du palais de Versailles face à ceux du palais d'Hiver de Catherine II est tout à fait caduc et faussé. Il n'y aurait aucune honte à admettre que sur le plan de la consommation l'URSS s'apparente encore aux pays en voie de développement: il est aberrant de nier cette évidence objectivement imposée par l'histoire en voulant à tout prix prouver qu'il y a là-bas plus et mieux. Rattraper et dépasser les Américains : si la formule de Khrouchtchev a fait long feu, elle n'en a pas moins imposé l'idée que, le temps aidant, cela était possible. Les touristes sentimentaux, sincèrement attachés au pays des soviets, écrasent une petite larme lorsque l'interprète traduit l'inscription monumentale d'un pylône, qui proclame que le communisme est le pouvoir des soviets plus l'électrification de tout le pays! A peine débarqué sur le sol de Moscou, le Français, d'habitude si critique, est prêt à trouver confortables des autocars sans amortisseurs, à admirer des hôtels sans âme et à encenser la qualité des souvenirs et des produits qu'il pourra acquérir sans faire la moindre queue et à des prix assez comparables aux nôtres. Disons à sa décharge qu'il ne sait pas que les plus mauvais cars sont les meilleurs du pays, que les bons hôtels lui sont réservés, et que ses achats sont effectués loin de la convoitise du Soviétique moyen; celui-ci n'a pas ou peu l'occasion de s'offrir une matriochka multicolore, un service en bois peint, deux cent cinquante grammes de caviar ou de la vodka de bonne qualité.

Par chance, notre expérience nous a permis de voir la partie cachée par le décor.

Or, psychologiquement, que devient un militant sincère lorsqu'il s'aperçoit, preuves à l'appui, que son idéalisme, son ardeur ont été abusés au nom du sacro-saint intérêt supérieur du Parti? D'autant plus lorsque, comme ce fut notre cas, les responsables ne cherchent pas à le questionner, connaître son sentiment, mais espèrent simplement son silence.

Quelle machine pernicieuse a pu façonner son esprit de telle sorte qu'il se sente culpabilisé non pas tant d'avoir découvert une gigantesque supercherie, mais devant le besoin de dire clairement que, si le socialisme pour lequel il milite n'existe pas encore, du moins a-t-il vu de ses propres yeux ce que le socialisme ne doit pas être?

Or, c'est précisément à cette conclusion que nous avons abouti après nos deux années moscovites. Que la vie en URSS soit ce qu'elle est, avec son charme et ses grisailles, peu importe si l'observateur accepte d'isoler cet objet sous son microscope, au même titre que n'importe quelle autre société. Il ne nous viendrait sans doute pas à l'esprit de dresser le bilan des traits positifs et négatifs du Danemark ou de l'Angleterre. Mais nous sommes nés à la politique dans un parti qui nous a fait constamment prendre les armes verbales pour défendre l'URSS parce qu'elle était notre aînée, notre maître ès-révolutions, parce que son peuple s'était sacrifié pour nous aussi en 1917 et en 1942, parce que nous ne pouvions pas ne pas lui être reconnaissants à vie de son combat pour la paix dans le monde, pour son aide aux peuples en lutte, parce que, parce que...

Mais au nom de quel principe, quels intérêts, toutes ces raisons ont-elles pu être mises en balance avec le reste, avec ce que nous ne savions pas, parce que les dirigeants de l'URSS comme ceux de notre parti ne voulaient pas que nous le sachions? Comment la pensée marxiste, scientifique et critique par excellence, peut-elle tolérer qu'en matière d'idéologie, le positif annule le négatif?

Or, aujourd'hui, pour Orlov, Guinzbourg, Chtcharansky, pour les condamnés sans publicité d'hier et de demain, d'Erevan, de Tbilissi, Vilnius, Riga ou Tachkent; pour nous-mêmes enfin qui prétendons lutter dans notre pays pour davantage de liberté et de démocratie, nous pouvons affirmer que l'URSS n'est pas l'image pieuse que l'on nous a montrée pendant de trop longues années; et que rien ne l'autorise à bafouer avec autant de cynisme et de morgue les droits fondamentaux de la personne humaine. Si d'aucuns sont contraints par leur rôle ou leur fonction de « ne pas s'ingérer dans les affaires intérieures d'autrui », le militant révolté qui se retrouve sur le pavé pour crier sa colère a, lui, tous les droits face à un Pinochet, un Videla, un Neimery, et face à tous ceux, quels qu'ils soient, qui pensent pouvoir impunément disposer de la personne humaine. Il est vrai que la colère

— la rage plutôt — est mauvaise conseillère. Et on nous a appris à garder la tête froide, à réfléchir, à analyser les événements dans leur complexité, avec du recul, mais aussi avec un excès de prudence lorsqu'on craignait de voir se renverser les idoles. C'est ainsi que le militant communiste règle son esprit critique au rythme des congrès : le XXe du PCUS, le XXIIe du PCF et maintenant le XXIIIe... La colère en cadence; et la honte, celle d'avoir entendu nos dirigeants, qui sont aussi nos camarades, blâmer, voire insulter, les militants qui ont osé s'interroger, montrer leurs désaccords, leurs incompréhensions.

La pensée mise au pas, c'est le rêve de toutes les dictatures. C'est aussi celui des dirigeants soviétiques actuels. Il ne faut pas qu'il en soit de même dans nos rangs.

Pour des centaines de milliers de militants, « l'union du peuple de France » n'est pas un simple slogan. Mais comment atteindre un tel objectif sans exigence envers soi-même; en s'accommodant du mensonge ou de « l'omission » sur les points les plus délicats de notre idéologie?

Pour toutes ces raisons, et pour cette souffrance que nous avons éprouvée d'avoir été bernés, trompés par des hommes que nous respections, nous nous faisons aujourd'hui un devoir de dire ce que nous avons vu au cours de notre séjour soviétique. Le privilège d'avoir vécu le quotidien hors de tout ghetto diplomatique ou autre; le lien précieux qu'ont constitué nos deux enfants dans les relations avec notre entourage; notre regard de militants communistes, sinon naïf, du moins *a priori* bienveillant; notre refus de jouer aux reporters, d'enquêter, mais au contraire notre exigence permanente d'intégration optimale à la société soviétique (sans illusion toutefois sur ses limites) : autant de facteurs qui interdisent de considérer les pages qui suivent comme un reportage froid, sans implication personnelle. Nos récits sont ceux d'une découverte au fil des jours, de l'approche physique et affective d'une réalité que nous ne pensions pas avoir un jour à décrire pour d'autres. Le lecteur comprendra peut-être mieux encore lorsqu'il saura qu'en deux ans, il ne nous est jamais venu à l'esprit de sortir dans Moscou munis d'un appareil photo ou d'une caméra. Nous voulions simplement connaître une réalité, pour elle-même et pour nous-mêmes.

Aujourd'hui, nous avons décidé de dire notre parcelle de vérité : non pas de mettre à mort un pays sur lequel on nous avait fait rêver, mais de briser ce rêve, de relater le quotidien soviétique tel que nous l'avons vécu et non tel qu'on nous l'avait inventé. Nous ne revendiquons ni le titre de reporter ni celui d'historien ou de sociologue. Notre témoignage prétend davantage rendre compte qu'analyser : rendre compte de ce que nous avons pu apprendre sur le vif d'une réalité et des blessures qui se sont creusées en nous.

Parmi les raisons qui nous ont contraints à différer la rédaction de ces souvenirs, la dernière n'est sans doute pas la moindre. Quatre années se sont écoulées depuis notre retour en France et devant la feuille blanche surgissent à nouveau les interrogations du premier jour : allons-nous parler nommément de nos amis ou parents soviétiques? Décrire dans le détail leur vie, leur travail, leur appartement, au risque de déclencher contre eux un processus de tracasseries ou de brimades administratives? Aujourd'hui encore, il est certain que telle description précise d'appartement, telle évocation de personnage ou de situation peuvent conduire directement les enquêteurs du KGB devant une porte. Nous avons trop d'amis et de parents chers, la plupart foncièrement fidèles au régime, pour leur faire risquer le moindre ennui. Aussi avons-nous pris quelques précautions, et, selon la formule consacrée, tous les personnages, noms, lieux, etc., sont de pure fiction. Seule est authentique la chape de plomb qui pèse sur ce témoignage : lequel a déjà coûté à l'un de ses auteurs un refus de visa pour en avoir donné un aperçu dans un article de presse. Finalement, ce chantage au visa est aussi une arme redoutable de condamnation au silence. Ceux qui ont vécu en

URSS savent que l'on y rencontre aussi un mode de vie attachant, parce que bâti sur l'autodéfense, et qu'il est difficile d'imaginer que l'on ne pourra plus jamais revoir certains amis, certains lieux, certains paysages. Ni revivre certaines situations. L'étranger ne risque pas le goulag à émettre des jugements sur l'URSS, mais il peut, lui aussi, être condamné à ne plus y revenir.

Aussi c'est à eux, ces amis de Moscou, de Leningrad, d'Erevan et d'ailleurs, qui nous ont aidés à vivre dans leur pays, à le découvrir à chaque coin de rue, derrière chaque façade, au détour d'un chemin forestier ou sur une île de la Volga; c'est à eux tous qui, jeunes et moins jeunes, ont pour leur pays un amour comme nous n'en avons rencontré nulle part ailleurs; à eux qui, sans exception, nous demandèrent, pour tout cadeau, pour tout remerciement, de dire en France la vérité de ce que nous avions vu et vécu, sans les omissions coutumières à la presse communiste occidentale; c'est à eux tous que nous dédions ce livre dont nous n'avons pas voulu qu'il jaunisse au fond de nos mémoires.

Née communiste

Je n'imaginais pas, dans mon enfance, que l'on puisse ne pas être communiste. Sans doute parce que, tel qu'il m'était enseigné, ce terme recouvrait les valeurs les plus nobles que l'homme puisse concevoir. Ce que j'appellerais aujourd'hui un véritable humanisme : avant toute chose le respect de l'Autre, c'est-à-dire un esprit de tolérance qui ne se limite qu'au droit de défendre les libertés en danger. Mes parents étaient athées, mais je ne les ai jamais entendus « manger du curé »; syndicalistes, communistes, mais — pour autant qu'il m'en souvienne — toujours disposés à écouter ceux qui ne l'étaient pas et généralement à même de les entendre.

Juifs de Pologne et de Bessarabie, tous deux immigrés en France avant la Deuxième Guerre mondiale, parlant à peine le français, ils allaient considérer comme un devoir de défendre cette deuxième patrie, l'un s'engageant comme volontaire dans l'armée, l'autre dans la Résistance. Je ne les ai jamais entendus se vanter d'avoir fait ce choix : cela faisait partie de leur devoir de communistes. Mais une grande sagesse leur a interdit d'exprimer, devant moi du moins, des paroles de haine, des désirs de revanche. L'Histoire avait fait son chemin, il fallait regarder devant soi, non derrière. Leur profond respect, poussé jusqu'au culte sans doute, de l'humain et de ses créations, de la culture, ne m'ont jamais permis de douter de la justesse de leurs idéaux, simplement proclamés sur des banderoles ou dans des chants révolutionnaires, en termes de « liberté », « paix », « démocratie », « socialisme ». Et pour m'expliquer plus concrètement ce que recouvrait cet idéal, ils utilisaient souvent un mot quasiment magique, au son duquel surgissait dans mon esprit une image ensoleillée, enluminure des temps modernes. Ce mot, c'était « Union soviétique »; l'image c'était celle d'une ville nouvelle, ultra-moderne, surgie d'un grand désert laissé par la guerre, grâce aux glorieux bâtisseurs du communisme; au centre, un merveilleux palais : le palais des pionniers, tout de marbre blanc, orné de colonnes somptueuses. Contre la façade, de grandes marches, du haut desquelles descendaient lentement, sourire aux lèvres, yeux bleus et cheveux blonds — innocence et pureté —, tresses enrubannées flottant au vent, foulard rouge autour du cou, les enfants d'un monde nouveau, promesse de bonheur universel vers lequel tendait la grande famille des communistes dispersés à travers le monde.

Un autre souvenir, mêlé à l'odeur d'encre d'imprimerie si caractéristique des éditions soviétiques et que j'aimais flairer, comme pour m'imprégner d'un esprit nouveau : un livre sur lequel je rêvais, *Maroussia va à l'école,* des Éditions de Moscou. En français. De grandes photos en noir et blanc — donc, forcément, l'incontestable réalité — illustraient la journée d'une petite écolière. Son ruban dans les cheveux, son uniforme sage et propre, son amour de l'école, tout me donnait l'image d'une enfant différente de nous, meilleure, sérieuse devant la vie. Parce que je savais que mes parents étaient communistes, je me sentais un peu plus proche de Maroussia, son pays ne m'était pas tout à fait inconnu, une sorte de complicité nous liait, que ne pouvaient connaître mes camarades de classe. Un autre point nous unissait plus profondément encore. Au milieu de la cour de son école, Maroussia regardait respectueusement la statue de Staline. Or, j'ai longtemps pensé, confusément sans doute, sans me le formuler vraiment, qu'un lien de parenté m'unissait à cet homme, un lien qui passait mystérieusement, comme un fil souterrain, par le fait que mes parents étaient communistes. C'est ainsi que j'ai eu une grande famille dans mon enfance, dont les noms étaient Cachin, Thorez, Duclos, d'autres peut-être, mais j'ai retenu ceux-là parce que, dans les manifestations du 1er Mai ou dans le défilé au mur des Fédérés, mon père me hissait toujours sur ses épaules et me les désignait par leurs prénoms comme des êtres familiers, proches, que je ne pouvais pas ne pas reconnaître. Je n'ai de la mort de Staline que le souvenir d'une grande tristesse, comme si réellement nous avions perdu un parent proche.

Je n'ai pas du tout de souvenir par contre de la Hongrie en 1956 : sans doute parce que mes parents n'ont eu à ce moment aucune incertitude, comme tant d'autres de leurs camarades. Mon adolescence s'est écoulée sur une toile de fond : la guerre d'Algérie. Imprégnée comme je l'étais d'esprit antiraciste et pacifiste, je ne pouvais pas ne pas militer dans le mouvement des Jeunesses communistes qui prenait des positions franches et nettes contre ce conflit. La guerre d'Algérie terminée, le Vietnam prit la triste relève, mais avec moins d'implication directe pour nous, Français.

J'ai adhéré au Parti comme l'on fait un acte simple, normal, qui coule de source, sans interrogation angoissante, parce qu'il ne me paraissait pas possible qu'en France un changement en faveur d'un véritable esprit de démocratie puisse s'effectuer en dehors du PCF, détenteur d'évidence de l'efficacité, de la connaissance de la classe ouvrière et de ses besoins, des moyens de conquérir le pouvoir uniquement pour le mettre au service de l'Homme. Parce qu'il m'a fallu choisir une deuxième langue vivante au lycée, l'année où l'Union soviétique a lancé son premier spoutnik, et pour tant d'autres raisons qui constituaient à elles seules une logique, j'ai « choisi » d'apprendre le russe, et plus tard, d'en faire l'objet de mes études supérieures. Et ainsi, logiquement toujours, j'ai été amenée à fréquenter ce pays.

Il n'est pas simple de décrire les premières impressions, tant elles furent confuses, mélangées, tiraillées entre ce que je voyais et ce que j'aurais voulu voir. Les enluminures ne se sont pas retrouvées dans cette première impression couleur grise et marron produite par la gare triste et nue d'une capitale de province soviétique. Dans ce pays qui allait, me disait-on, rattraper les États-Unis, je n'imaginais pas rencontrer la moindre apparence de pauvreté. Or, ce fut cela ma première sensation : celle d'être dans un pays pauvre, pauvre en couleur, c'est-à-dire pauvre dans toutes les apparences : vêtements, aspect des rues, des villes.

Longtemps, pourtant, je me suis repliée derrière ce grand argument de l'Histoire : l'Union soviétique n'en était qu'à ses balbutiements, elle émergeait à peine d'un demi-siècle de luttes, de guerres, et n'en était en somme qu'à poser ses premières pierres. Et puis, il y avait tout le reste : la disparition de l'analphabétisme, des chaussures pour tous, la possibilité d'étudier pour tous aussi, la médecine, la culture; j'en passe, chacun connaît cela. Mais les deux années que j'ai vécues à Moscou m'ont convaincue que l'Histoire ne s'était pas arrêtée à ces conquêtes, qu'elle poursuivait son chemin et qu'elle le poursuivait dans une direction totalement opposée à celle pour laquelle tant de communistes disaient se battre en France. C'est alors qu'un mythe est parti en lambeaux, déchiqueté lentement, au fil des quelque sept cents jours pendant lesquels je me suis efforcée, vainement, de faire coïncider la réalité que je découvrais avec ce qui m'avait été donné pour une vérité absolue. Sept cents jours au cours desquels j'ai cherché, avec un acharnement parfois désespéré, cette société qui, m'avait-on toujours dit, dans ma famille et au Parti, était au service de l'Homme.

Communiste pour venger mon père

« Les enfants, vous n'irez ni à la fête ni au bal du 14 Juillet sur la place. Ils sont organisés par le Malin qui veut s'emparer de vos âmes. »

Invariablement, chaque dimanche précédant la commémoration de la prise de la Bastille, le pasteur rappelait bien haut en chaire à ses ouailles que les grands représentants du diable sur cette terre étaient les communistes et qu'il fallait de près ou de loin se préserver d'eux, même s'ils montraient patte de velours. De fait, l'orphelinat protestant qui avait si charitablement pris en charge mes futurs parents, alors enfants, rescapés du massacre des Arméniens par les Turcs en 1915, obéissait à la lettre aux missions américaines : sauver des âmes humaines, lutter contre l'influence communiste dans le monde.

Dans la diaspora protestante, le choix était clair, totalement imperméable à toute influence néfaste. Puisque le cinéma, la cigarette ou trop de lecture étaient considérés comme un péché, il ne restait plus qu'à se consacrer au travail, à la lecture de la Bible, à la prière ou aux missions évangéliques pour être un homme vertueux, digne du royaume des cieux. Et puisque le Seigneur nous avait fait la grâce de nous maintenir en vie, il fallait lui faire confiance et remettre entre les mains du pasteur nos destinées individuelles pour qu'il nous « conseille, nous aide à chaque instant, nous indique la voie à suivre et rende nos cœurs plus joyeux ».

Sans un instituteur communiste, j'aurais vraisemblablement

pris à quatorze ans le chemin de l'usine pour m'initier au travail de mon père; il fut quelque trente ans charron dans une grande entreprise de métallurgie de Marseille après avoir, comme tous les immigrés, tâté de la plupart des métiers manuels et obtenu la nationalité française grâce à la guerre qu'il fit sous le drapeau tricolore. Des plateaux d'Anatolie dévastés aux bombardements de la guerre, l'Histoire avait préservé inexorablement des vies humaines pour les vouer à leur bien étrange destinée.

L'époque n'étant ni à l'alphabétisation ni à la formation des citoyens français, avec mon père charron dans une usine, c'était la fin du cauchemar. Et si d'aventure le diable avait voulu s'infiltrer sur son lieu de travail, il aurait rencontré — le meilleur moyen de l'exorciser — des équipes réduites, isolées les unes des autres, et rassemblant un Espagnol, un Portugais, un Sénégalais, un Turc, un Yougoslave, un Italien et un Arménien, qui, sous la vigilance d'un contremaître français, avaient bien peu de chance d'organiser un syndicat ou de discuter politique pendant les quarante-cinq minutes de pause dans des journées de dix à douze heures de travail.

C'est dans ce quotidien qu'ensuite j'ai eu la chance de faire ma classe de philosophie avec un professeur communiste. De ces hommes qui, tel Péguy ou Alain, ont forgé des générations de disciples pétris d'humanisme, de tolérance et d'un solide esprit critique générateur de révolte. Et je ne peux que le louer aujourd'hui encore d'avoir fait une entorse au sinistre programme bergsonien pour nous initier avec une absolue honnêteté à l'économie politique et aux arcanes de l'exploitation capitaliste. Parce qu'au cours d'un repas pris à la cantine du lycée un an auparavant, un fils de médecin m'avait reproché de demander deux tranches de viande alors que j'étais « boursier et arménien », j'avais décidé en cette année de philo de refuser la bourse de demi-pensionnaire et, pour payer mes études, de travailler le soir dans un garage comme apprenti mécanicien, c'est dire que les notions tout à coup révélées de conscience de classe et d'injustice sociale entraient dans un terrain parfaitement perméable. Les rengaines maintes fois entendues du type « Arménien, tête de chien, mange ta soupe et dis plus rien » prirent alors dans mon esprit toute leur dimension raciste.

Cette terre d'asile que les aînés de notre communauté ne se lassaient pas de bénir était en fait un pays comme les autres, bien armé pour exploiter les ouvriers rejetés de tous les bords de la Méditerranée.

Adhérer dans ces conditions au Parti communiste était un acte parfaitement normal, d'autant que les cours de philo me donnaient une solide formation marxiste, complétée par les cours du soir de l'université nouvelle du PCF qui, entre autres, me permirent de vouer un véritable culte à Roger Garaudy, alors philosophe officiel du Parti.

Parallèlement, cette adhésion m'apportait une patrie, et le Français d'origine arménienne que j'étais se trouvait tout à coup des racines profondes, dans la lointaine Arménie soviétique; là-bas, mes frères de sang bâtissaient le socialisme; là-bas, l'arménien n'était plus une langue morte, ni pour l'enseignement, ni pour les plaques de rue.

Cette résurrection, on la devait bien évidemment à l'Union soviétique où le racisme n'avait plus sa place, où tous les problèmes qui pouvaient nous assaillir quotidiennement en France avaient été résolus.

L'homme nouveau, l'abnégation au travail, le désintéressement, l'humanisme, le don de soi : tout cela existait quelque part, tout cela m'était proche.

Vers 1947, nombreux avaient été les Arméniens à retourner dans leur patrie. Pourquoi mes parents n'avaient-ils pas fait ce choix? Il me revenait confusément à la mémoire la vision de ces énormes caisses de bois attendant leur embarquement pour Batoum et ces foules de jeunes gens en liesse parcourant les rues du quartier en chantant des hymnes à Staline. Le socialisme existait donc ailleurs et le meilleur moyen de faire la révolution chez nous était de soutenir inconditionnellement l'URSS dont l'exemple et le rayonnement feraient tôt ou tard tache d'huile.

Pourtant, je fus un jour profondément troublé lorsqu'au retour d'un bref voyage en Union soviétique de mon professeur, je lui demandai ses impressions. Il me répondit que d'énormes progrès avaient été réalisés mais qu'il restait encore « pas mal de choses à faire aux camarades soviétiques ». Sans plus d'explication. Et d'ailleurs je n'en souhaitais pas. Frais sorti d'un mysticisme puritain dévastateur, j'avais enfin des certitudes, un confort palpable et solide, même s'il était encore lointain.

Cinq ans plus tard, alors que Godard faisait crier à sa Chinoise « Au secours monsieur Kossyguine », je me rendis au pays des soviets réaliser un reportage pour un quotidien « bourgeois » à l'occasion du cinquantième anniversaire de la révolution d'Octobre. Et le guide français de l'organisation de loisirs des Jeunesses communistes qui accompagnait mon groupe ne devait pas tarder à devenir ma femme.

Elle ne s'appelait pas Nathalie mais peu importe. Impossible de boire un chocolat chez Pouchkine, et pour cause, il n'y a pas de café de ce nom, mais par contre, oui, des nuits de discussion avec des étudiants nous en avons eu. Et aussi édifiantes fussent-elles, j'ai préféré à mon retour écrire le reportage et les impressions déjà gravées dans ma tête avant mon départ, comme si une super-conscience occulte m'imposait sa douce censure — que j'acceptais de gaîté de cœur.

Je n'ai pas encore trouvé d'explication à ce phénomène de fascination totale, mais Sartre et Simone de Beauvoir ne parlaient-ils pas encore de l'homme nouveau en 1965 quand, de passage à Moscou, ils fixèrent un rendez-vous à Soljénitsyne, qui ne vint pas...

Quoi qu'il en soit, et prenant en charge la totale irrationalité de cet amour pour l'URSS, j'avais déjà scellé le destin qui tôt ou tard me conduirait là-bas pour un long séjour.

Tout ce que j'avais entrevu au cours de mes voyages touristiques ou professionnels me donnait à penser que j'étais suffisamment informé pour ne pas tomber des nues, mais qu'il demeurait sûrement des incompréhensions et des phénomènes à scruter en profondeur. C'est ce que je me suis efforcé de faire, avec une totale bienveillance pendant deux ans, mais sans jamais pouvoir détecter le moindre symptôme qualitatif qui m'aurait permis de définir la société soviétique comme socialiste.

Mais plus douloureuse encore est l'autocensure qui m'a empêché de m'adresser avant tout à mon ancien maître, actuellement directeur d'une importante maison d'édition du PCF, pour la publication de ce témoignage. Car j'avais la certitude qu'il ne l'aimerait pas, qu'il saurait trouver les raisons de ne pas l'éditer et me prouver qu'il constitue une arme objective de la bourgeoisie contre notre parti. Au printemps 1978, lorsque les colonnes de *l'Humanité* étaient réservées aux seuls bien-pensants, ne s'est-il pas exprimé pour peser de toute son autorité dans le débat philosophique, tout comme l'académicien officiel qui fustigeait les interrogations d'un certain nombre de scientifiques désemparés ou les psychiatres bien en cour qui transformaient le droit à la différence en absence de courage.

Le débat sans interlocuteur, la parole unique m'ont alors replongé dans le plus sombre des univers soviétiques. Mon éducation protestante m'avait inculqué l'idée qu'en période d'errements ou de maladie, le troupeau se mobilise pour sauver la brebis blessée. La grande fraternité des communistes n'a pas su franchir ce cap, et, au contraire, tout le troupeau a été mobilisé pour mieux encore enfoncer dans la détresse les camarades troublés. Je persiste, malgré toute cette période et tous ces événements, à penser que la véritable lutte idéologique, à la loyale, a plus de poids et d'impact que le mensonge, fût-il par omission. Et qu'en définitive un tel débat ne pourra jamais être récupéré par nos adversaires.

C'est à cette exigence qu'obéit ma démarche.

De loyaux coopérants du PCUS

Au poste frontière de Brest-Litovsk, deux jeunes soldats, dans un parfait garde-à-vous sous leur guérite de pierre, marquent le point de non-retour. Vingt mètres plus loin, on nous apposera le tampon qui va nous permettre de séjourner pendant deux ans en Union soviétique. Il fait beau. Les grands cendriers en fonte, les solides bancs blancs, le poste frontière aux colonnes corinthiennes, le panneau d'affichage de la *Pravda :* autant de détails qui sont l'environnement permanent de toutes les villes, tous les villages, tous les kolkhozes de Vilnius à Tachkent. Les douaniers marquent beaucoup de gentillesse. Ils questionnent Nina sur le nombre de mots que contient notre dictionnaire, ils se concertent pour savoir si les reproductions d'affiches de Toulouse-Lautrec sont assimilables à de la pornographie, et sont sincèrement admiratifs en voyant l'autographe manuscrit de Jacques Duclos sur le manuel d'histoire du Parti communiste français.

Ils tapotent nos portières pour s'assurer qu'elles sont bien vides, mettent la voiture sur un pont et constatent l'absence de double fond. Nous sommes des Français tout simples, n'ayant rien à cacher et nous rendant dans la capitale avec nos deux enfants pour travailler à l'agence de presse Novosti. Trois petites heures nous seront suffisantes pour reprendre la route et, par Smolensk et Minsk, rejoindre Moscou. Un voyage facile, lent à cause des milliers de camions hétéroclites qui transportent n'importe quoi, n'importe comment. Des semi-remorques couchés sur le bas côté, des caisses broyées au bord de la route, un bulldozer de travers sur une benne, un camion de planchettes qui perd lentement mais inexorablement son chargement au fil des kilomètres, une ridelle qui ballotte et qui ne va pas tarder à tomber, une roue unique sur des essieux prévus pour des roues jumelées. A cause d'une double crevaison, ce routier va peut-être vivre quarante-huit heures dans sa cabine en rase campagne parce qu'il lui faudra enlever lui-même les pneus, réparer les chambres, remonter. Encore heureux si son véhicule est équipé d'un cric, sinon il lui faudra inventer un système, se mettre en porte à faux au bord d'un fossé ou creuser sous sa benne en maintenant l'essieu avec des briques, et cela, qu'il vente, qu'il neige ou qu'il fasse moins vingt au-dehors. Personne ne s'arrêtera pour l'aider, il n'aura aucun moyen de se faire dépanner : il le sait et n'a pas le choix. Cela fait partie de son métier et de sa philosophie de routier.

Ces petits faits divers s'accumulent déjà trop pour ne pas laisser pressentir le gigantesque et même sympathique tohu-bohu que sont les routes soviétiques, et cette impression première ne sera jamais démentie. Au contraire, au fil des milliers de kilomètres que nous parcourrons, nous assisterons aux aventures routières les plus rocambolesques.

Très vite, nous allons faire connaissance avec l'intérieur de ces petites cabanes de bois — une autre composante du paysage — placées à toutes les intersections, à chaque entrée et à chaque sortie de ville. Leur approche est signalée par un panneau et une limitation de vitesse à 40 km/h; il faut encore ralentir, passer devant à 20 km/h pour que la police de la route ait le temps de vérifier les numéros d'immatriculation. On peut s'amuser à griller les consignes, et se faire arrêter un peu plus loin, car tous ces postes sont reliés par téléphone et les voitures étrangères systématiquement signalées. Impossible donc de se perdre, de tourner à droite ou à gauche pour prendre un de ces chemins généralement de terre qui conduisent à un village. En toute logique, une route est faite pour aller d'une ville à l'autre et l'itinéraire est mentionné sur le visa. Ainsi tout le réseau routier est couvert d'une gigantesque toile d'araignée reliée par fil, rendant impossible pour un étranger tout déplacement non signalé à l'avance.

Dans les faubourgs de Smolensk, nous doublons un homme monté sur des skis à roulettes et qui, à grandes enjambées, pousse sur ses bâtons pour rentrer chez lui. Ce n'est pas un sportif, mais un citoyen qui a résolu son propre problème de transport.

En automne, Smolensk est une ville noyée dans la boue. Dans le parc jonché de feuilles jaunes qui fait face à notre hôtel, nous avons un petit pincement au cœur en nous attardant devant la statue de Lénine. Curieux sentiment qui mêle le bonheur d'être en URSS — ce pays qui honore tous les révolutionnaires du monde —, libres de déambuler dans la ville, le parc, les magasins et, en même temps, de baigner dans le terne, la médiocrité, le manque de fantaisie, de couleur, de vie.

Il ne faut surtout pas s'en tenir à nos premières impressions et nous nous rassurons à la pensée que demain Moscou dissipera cette sensation venue d'une ville pratiquement rasée par les Allemands pendant la guerre. D'ailleurs, jusqu'à la capitale, la route est jalonnée de tanks, de canons, de stèles rappelant les hauts faits de la résistance soviétique contre le nazisme.

Un gigantesque arc de triomphe en bronze verdâtre annonce la véritable arrivée sur Moscou. La chaussée de Minsk débouche sur l'avenue Koutouzov, haut lieu de la vie moscovite et de la diplomatie mondiale. Un bâtiment rond, grouillant d'écoliers, de pionniers et de touristes, abrite un grandiose spectacle reconstituant la bataille de Borodino. L'hôtel Ukraine, l'un des sept gratte-ciel de Staline, domine la Moscova et fait face à l'immeuble du Comecon en forme de livre ouvert, plutôt agréable à regarder pour un alliage de verre et de béton obéissant aux normes internationales de l'architecture moderne.

C'est ici, dans ce quartier, que vivent des personnalités telles que Brejnev, Lily Brik la compagne de Maïakovski, la plupart des académiciens et professeurs de notoriété, tout comme la grande majorité des diplomates, agents commerciaux et journalistes étrangers. Ceux-ci, logés d'office dans de grands immeubles de brique jaune, constituent un monde clos, régi par ses propres lois. En dehors des chauffeurs, des femmes de ménage, du personnel d'entretien et des secrétaires, tous fournis par les services soviétiques officiels, l'homme de la rue ignore tout de ce qui se passe à l'intérieur de ces ghettos. Les miliciens, en faction vingt-quatre heures sur vingt-quatre devant les cours, en interdisent l'entrée aux curieux et aux voitures des Moscovites. Seuls les plaques d'immatriculation et les passeports étrangers font office de laissez-passer.

Gigantesque *melting-pot* en plein cœur de la ville, on peut y voir, jouant sur le parking, des petits Américains, Pakistanais, Arabes ou Africains. Les fils de diplomates des pays de l'Est arborent dans leurs appartements d'étonnantes collections de sigles de voitures étrangères. C'est que chez les jeunes générations de nantis, l'automobile a gardé un pouvoir de fascination extraordinaire, même si papa dispose d'une Mercedes ou d'une Renault avec chauffeur, la déchéance étant de ne posséder qu'une voiture de série soviétique...

Toute la population venue des pays capitalistes dispose d'une monnaie particulière ressemblant étrangement à des billets de Monopoly pour s'approvisionner aussi bien en nourriture qu'en vêtements ou en chaussures, dans des magasins spéciaux auxquels seuls les Soviétiques ayant travaillé à l'étranger ont accès. Là aussi, les policiers en uniforme et surtout en civil se chargent d'écarter un kolkhozien égaré qui croit enfin avoir découvert le paradis communiste si, d'aventure, il a pu s'infiltrer quelques minutes à l'intérieur du magasin. Et c'est sans rire que les *happy few* soviétiques familiers de ces lieux affirment « que le communisme sera instauré chez nous lorsque tout le monde disposera de chèques diplomatiques ».

Aux yeux du Soviétique, les privilèges consentis aux étrangers sont un mal nécessaire à une grande nation qui revendique toute sa place dans le concert international et considère que, pour y parvenir, quelques sacrifices sont inévitables. D'ailleurs, le standing et le niveau de vie des « autres » provoquent plus d'admiration que de jalousie, du moins en apparence.

En dehors de cette faune permanente et constamment renouvelée dans ses effectifs, Moscou accueille régulièrement des hôtes étrangers avec un protocole bien différent s'il s'agit de dirigeants ou de personnalités des pays frères, du monde capitaliste, ou de partis communistes dans l'opposition de leur pays. Pour ces derniers, et à condition qu'ils soient d'un rang suffisamment élevé, l'accueil est de nature à bien montrer que toute valeur leur est reconnue, qu'ils sont en quelque sorte tenus pour des officiels et qu'ils méritent tous les égards. Ils ont droit au salon d'honneur de l'aéroport et à la Tchaïka * qui les conduira sous escorte jusqu'à l'hôtel du Comité central. Celui-ci, sous un aspect extérieur discret, n'en cache pas moins un raffinement très occidental, une bonne chère et un service capable d'offrir la presse internationale à l'heure du petit déjeuner. A la limite, rien que de très normal pour un parti au pouvoir qui dispose aussi dans tout le pays de merveilleuses datchas pour les vacances de ses hôtes.

* Tchaïka : voiture d'apparat réservée aux dignitaires et rappelant la Cadillac des années 1950.

Notre statut est beaucoup plus acceptable et infiniment plus libre. Ni ghetto ni égard particulier : en apparence un certain climat de confiance dont nous allons toutefois ressentir les limites — chaque fois que nos comportements ou nos exigences sortiront du cadre prévu. Aux yeux de l'administration, nous sommes l'équivalent de travailleurs soviétiques à l'étranger. Et, à l'étranger, de quoi peuvent donc avoir besoin des travailleurs soviétiques dont les parcours, les loisirs, les visites, les voyages sont soigneusement organisés?

Nous habitons au troisième étage d'un grand immeuble situé à un quart d'heure de la station de métro Place-Préobrajenskaïa : une situation très enviée, à moins de quarante-cinq minutes du centre.

Entre un grand cimetière, un marché kolkhozien et un groupe scolaire, nous avons les conditions et le cadre de vie de millions de Moscovites. Toutefois, nous disposons d'un trois-pièces-cuisine, ce qui est exceptionnel pour un jeune couple sans parent à charge; mais ceux qui ont connu l'appartement communautaire, l'entassement à six dans une pièce, ou les deux heures de transport quotidien, peuvent affirmer que le régime a, ces dernières années, modifié leur vie en leur assurant un logement décent.

Oubliant nos exigences d'Occidentaux sur la qualité des finitions, le besoin de fantaisie dans le quotidien, nous sommes vite tombés sous le charme de notre cité calme et verdoyante. Le porte d'entrée délabrée, l'absence d'ampoule dans le hall, les pannes régulières de l'ascenseur, les énormes trous dans la chaussée nous sont apparus en peu de temps comme des éléments naturels de notre environnement, des tares inhérentes aux HLM du monde entier.

Bâti sur l'emplacement d'anciennes isbas, notre nouveau quartier — n'étaient le cimetière et le marché — ressemble dans le détail à chacune des banlieues de la capitale. Immeubles longs de huit étages alternés avec des tours de quinze, panneaux préfabriqués à cause des rigueurs de l'hiver qui gênent la coulée du béton, ils impriment un visage uniforme à l'ensemble du paysage urbain. Il suffit de dire : j'habite un trois-pièces dans tel quartier, et votre interlocuteur devine les dimensions de votre intérieur; si vous complétez votre description en précisant où, quand, et comment, vous vous êtes procuré votre mobilier, vous aurez fait une description précise de toutes vos conditions d'habitat. Le fonctionnel de la construction le disputant à l'uniformité des meubles, il n'est pas rare de trouver des logements identiques au détail près. Seuls quelques livres anciens ou des bibelots introuvables dans le commerce apportent une touche originale.

Dans ces conditions, quelques affiches représentant la France et des reproductions d'œuvres d'art allaient donner à nos hôtes l'illusion d'être ailleurs, en dehors de la grisaille de leur quotidien.

L'environnement des immeubles se compose invariablement de bâtiments moins élevés qui abritent les diverses écoles, la crèche, parfois quelques magasins, un bureau de caisse d'épargne, souvent un salon de coiffure et, en traduction littérale, « un lieu de propagande » arborant de petits drapeaux rouges et une banderole avec slogans politiques. Nous pensions trouver là un foyer de démocratie directe, où les citoyens peuvent questionner le Parti, se rencontrer, communiquer. En fait, il s'agissait bien plus prosaïquement d'une sorte de mairie de quartier. Si les membres du Parti et les personnes âgées y trouvent un foyer le soir pour leurs réunions, le bâtiment a d'abord une fonction administrative, et sert même d'antenne locale à la milice. Il abrite en outre les bureaux de vote et se voit parer au moment des scrutins d'une couche de peinture et d'un grand drapeau rouge à l'effigie de Lénine.

Partout, un même environnement; à l'intérieur comme à l'extérieur, une décoration parfaitement identique; ce qui permet aux humoristes d'affirmer « où que l'on se trouve, on est toujours chez soi en Union soviétique ».

Le jour de notre installation, je suivis une voiture me guidant vers mon lieu de travail, m'efforçant à chaque intersection de distinguer des détails qui faciliteraient mon retour. Mon point cardinal, indiscutablement, était une gigantesque inscription en caractères cyrilliques proclamant GLOIRE AU PARTI COMMUNISTE DE L'UNION SOVIÉTIQUE, inscription située à l'entrée de notre quartier. Avec ce repère, j'étais sûr de retrouver mon chemin. Je n'eus pas envie de rire lorsque, plus tard, on me raconta que le gag le plus classique et le plus désopilant pour se débarrasser d'un importun était de lui donner rendez-vous sous le panneau « Gloire au Parti communiste de l'Union soviétique » sans en préciser le lieu! Des dizaines d'immeubles portent cette inscription! Et comment demander son chemin dans une ville ignorant le concept d'étranger puisque, par définition, il est touriste donc encadré ou diplomate et doté d'un chauffeur. Une ville où l'on ne peut pas s'approcher des gens pour tenter de s'expliquer avec ses mains sans être perçu comme un ivrogne.

Dans ce contexte, les visites au marché kolkhozien et au cimetière constituèrent vite une salutaire rupture avec la monotonie. Deux lieux proches, colorés, où régnait la fantaisie, où la découverte appartenait au possible. Le marché, bien que modeste, était toujours grouillant de monde, Moscou n'en comptant qu'une dizaine; on y vient de très loin pour effectuer ses achats. Mais, hormis les citoyens fortunés qui seuls peuvent s'enorgueillir de faire leur marché quotidien chez les kolkhoziens, c'est un lieu où l'on ne va qu'épisodiquement. Pour acheter la grenade recommandée par le médecin. Pour agrémenter un repas de fête. Parfois, le marché « libre » est un refuge de dernière instance, lorsque, lasse de ne rien trouver de frais dans les magasins d'État, la ménagère épuise ses économies pour se payer de bonnes pommes de terre nouvelles sans faire la moindre queue, ou quelques cornichons au sel bien goûteux pour la vodka du soir entre amis, ou une douzaine de radis à la mine campagnarde pour agrémenter un plat. Ici, en dehors des étals, des balances, du personnel d'entretien et des miliciens, il n'y a pas grand-chose qui puisse de près ou de loin ressembler à un quelconque mode de vie socialiste. Et surtout pas les mendiants — pour la plupart invalides — assis près des portails, ni les voleurs à l'étalage, les pickpockets, ou les tziganes obstinés à vous lire les lignes de la main en échange de quelques kopecks.

Le spectacle le plus poignant est à coup sûr celui de ces innombrables grands-mères, groupées dans un coin retiré du marché, qui s'adonnent à une misérable vente sauvage de chaussons, chaussettes, bonnets qu'elles ont tricotés avec une laine introuvable, ou encore d'objets utilitaires emportés du foyer. Régulièrement, la milice disperse ces hors-la-loi, puisqu'en Union soviétique le commerce privé est illicite. Une répression tout à fait symbolique qui n'intervient qu'au moment où le groupe devient trop voyant. Ici, les miliciens chargés de l'ordre ont un rôle ingrat. Lorsqu'une altercation éclate entre un kolkhozien et un acheteur trompé, ils ont tendance à prendre fait et cause pour le consommateur étant eux-mêmes frustrés de la plupart des produits vendus ici à des prix prohibitifs. De même, lorsqu'ils dispersent les grands-mères, sont-ils tentés de marchander un chaud bonnet de laine pour leur propre enfant. Mais service oblige, et il n'est pas interdit de revenir en civil...

Quant à nous, lassés d'être en permanence sollicités afin de vendre une paire de jeans, un briquet, une chemise ou tout vêtement importé, refusant par principe de rentrer dans ce jeu familier à la plupart des étrangers, nous nous sommes essayés à nous y rendre vêtus à la soviétique. Du même coup, la sympathie que les kolkhoziennes affichaient pour cette petite famille de clients français disparut complètement : nous étions de ces privilégiés qui, ayant travaillé hors du pays, se font passer pour des Occidentaux; démasqués, nous ne méritions que leur mépris.

Quelle incroyable mystique de l'habit et de l'apparence, omniprésente, obsessionnelle, et quelle horrible sensation que de se savoir épié, suivi, parfois accosté, pour la couleur d'une chemise ou une paire de chaussures.

Devenus soviétiques, c'était pourtant merveille de déambuler lentement entre les objets peints en bois rudimentaires, les grands bouquets de fleurs introuvables ailleurs, les innombrables étals des champignons de l'automne, et les graines de semences avec leurs floraisons naïvement représentées sur des plaquettes de bois. C'était merveille aussi de goûter, pour quelques piécettes, les légumes en saumure directement dans les mains d'une Ouzbèque, d'une Géorgienne, d'une Arménienne ou d'un Azerbaïdjanais. Faire des milliers de kilomètres pour vendre quelques paniers de fruits récoltés dans son propre jardin : c'est une des énigmes que nous ne parviendrons pas à résoudre dans un pays qui s'honore d'avoir réussi à tout planifier. Nous étions loin dc ces statistiques certifiant que l'activité de ces marchés tendait à s'amenuiser. Mais comment donc Moscou se nourrirait-elle à certaines périodes de l'année sans l'énorme travail de distribution parallèle des kolkhoziens?

Nous rentrions le plus souvent du marché à travers le cimetière. Sous les arbres séculaires, au milieu de bouleaux clairsemés, de fines barrières métalliques délimitent les tombes. Croix classiques ou grégoriennes se mêlant aux étoiles rouges, aux stèles frappées de la faucille et du marteau. De-ci, de-là, un buste de granit à la mémoire d'un grand homme. Les Russes ont une véritable ferveur pour leurs morts. Une table et des bancs jouxtent la plupart des tombes. Il n'est pas rare d'y voir une famille déjeuner, passer plusieurs heures près de leur défunt, vider cul-sec quelques verres de cognac. Les jours d'enterrement, les grands-mères éplorées cessent leurs lamentations le temps de la photo de famille avec, au premier plan, le cercueil ouvert, le défunt bien visible, et le pope donnant sa bénédiction. Mais c'est en hiver, lorsque la neige recouvre tout, qu'il nous était donné d'assister aux spectacles les plus émouvants. Le froid interdisant de rester longtemps près du mort, on dépose sur sa tombe une pomme ou des grains de blé afin que les oiseaux viennent lui tenir compagnie par leurs chants. Derrière la palissade, les enfants emmitouflés s'essayent au hockey sur la route verglacée; au faîte des arbres, une multitude de corneilles répond comme en un long écho à leurs cris.

Puis notre immeuble, sa vie, ses habitants, leurs richesses, leurs joies, leurs peines et leurs misères.

Deux bancs sont placés devant chaque porte d'entrée : encore les grands-mères! Bien couvertes, la tête emmitouflée dans de grands foulards, elles bavardent, surveillent, rabrouent les passants bruyants. Elles sont au courant de tout, des maladies, des visites dans l'immeuble, des tapages nocturnes, des fauteurs de scandale, des ivrognes invétérés, des ivrognes occasionnels. Elles scrutent chaque panier de provision. Où avez-vous donc trouvé de si belles tomates? Attention, votre enfant n'est pas assez couvert, ne laissez pas votre pain à l'air, votre lumière est restée allumée bien tard hier soir. Ces femmes à n'en pas douter sont les maîtresses de Moscou. Garantes de l'ordre, connaissant les faits et les gestes de chacun. Déjà adultes sous Staline alors que la délation était règle de vie quotidienne, elles sont de naturelles alliées de la milice, zélées comme doit l'être un bon citoyen dans l'aide à fournir à ceux chargés de poser des questions. Et si, d'aventure, un jeune impertinent pressé pousse la porte sans les saluer, il occupera pendant une bonne heure leurs discussions sur la dépravation de la jeunesse et sur le respect qui n'est plus ce qu'il était.

Bien entendu, notre installation occupa pendant longtemps le devant de leur actualité. « Et vos enfants sont si beaux, et vous êtes bien jeunes pour travailler à l'étranger. Est-ce que la voiture vous appartient ou bien vous est-elle fournie par votre parti? Vos enfants iront-ils à la crèche de l'ambassade ou bien les garderez-vous à la maison? » En moins d'une semaine d'interrogatoire serré, elles savaient tout de notre vie, mais refusaient de croire que Nina, avec son prénom russe, sa politesse et sa maîtrise de la langue, ne soit pas une Soviétique camouflée, remplissant peut-être une bien mystérieuse mission.

Pour ma part — bien décidé à apprendre le russe sur le tas —, je ne tardai pas à me faire ma place sur l'un des bancs, passant de longues heures à écouter leurs confidences, leurs commentaires, m'efforçant sans succès de répondre à leurs questions. En quelques mois, leur langage simple, sur la pluie et le beau temps, me permit d'apprendre à compter. J'avais enfin un vocabulaire suffisant pour soutenir une conversation et ainsi me hasarder avec quelque chance de succès dans les magasins qui jusque-là m'avaient terrorisé. Il faut dire que le double système de queue, une fois pour payer et ensuite pour retirer ses produits, nécessite une habitude, une célérité et une possession du russe parfaites. Incapable au début de répondre aux caissières à qui je présentais un papier avec le prix griffonné, j'étais passé pour un demeuré, un alcoolique ou un fantaisiste qui fait perdre son temps à tout le monde. Je ne sais pas si mes grands-mères ont écouté à notre porte, si elles ont relevé les numéros d'immatriculation des voitures de nos invités, mais elles m'ont appris à acheter le sel et le sucre tout seul et, pour cela, je leur voue une reconnaissance sincère. Mes stages linguistiques eurent également l'avantage de me familiariser avec les gens de l'immeuble. Une population disparate... L'attribution d'un appartement étant décidée par les autorités municipales, en principe en fonction du lieu de travail, l'éventail social est en effet très vaste. Nous avons pu ainsi pousser la porte d'appartements d'ouvriers travaillant à une usine électrique proche, d'un colonel, d'un artiste peintre, de professeurs, d'un chercheur, d'ingénieurs, d'une couturière, d'un archéologue et de deux couples de retraités. C'étaient nos intimes chez qui nous pouvions aller à l'improviste à l'heure de l'apéritif et qui acceptaient de bon cœur nos invitations. Tous leurs enfants avaient sans grande cérémonie fait immédiatement connaissance avec les nôtres.

Enfin, nos voisins de palier : un vieux couple très empressé, avec qui nous partagions notre ligne téléphonique. Ils ne montrèrent aucune réticence à nous dépanner au début en sel et en pain. Nous répondions de bonne grâce à toutes leurs questions concernant notre vie en France et nos projets en URSS. Mystérieux sur leurs occupations, ils ne nous ont jamais entretenus de leur profession. Et nous n'osions pas être indiscrets. Nous ne devions apprendre qu'à la fin de notre séjour, et par le plus grand des hasards, que le mari occupait un poste important dans la police.

Deux petits Français et Lénine

Sous notre fenêtre s'étend un parc de quelque cinq cents mètres carrés : bacs de sable, toboggans en bois et balançoires rudimentaires, dont l'allure artisanale ne manque pas de charme; au milieu, un long bâtiment de trois étages, aussi blanc que les blouses et les foulards des nurses que l'on voit aller et venir. C'est la crèche de l'ensemble d'habitation dans lequel nous venons de nous installer. Elle accueille les enfants jusqu'à l'âge de trois ans. Quelques centaines de mètres plus loin, même bâtiment, même terrain : c'est le jardin d'enfants destiné aux quatre/sept ans. Nous décidons d'inscrire dans les plus brefs délais nos enfants, Mélina et Fabrice, dans ces établissements. Je projette la démarche pour un vendredi matin, pensant ainsi faire démarrer leur scolarité au début de la semaine suivante.

Dans l'un et l'autre lieux, je suis reçue par de charmantes directrices, toujours en blouse blanche, qui m'accueillent avec autant de gentillesse que de fermeté : impossible de les admettre dans l'établissement sans qu'ils aient passé une visite médicale à la polyclinique d'enfants du quartier. J'insiste : je suis en possession de leurs carnets de santé, certificats de vaccination, le pédiatre les a examinés avant notre départ de France. Devant mon insistance suppliante, le charmant sourire se rétracte. le ton devient franchement sec et je comprends qu'il n'y a pas lieu de discuter. Je me sens petite, en situation d'infériorité face à ces femmes qui. protégées par leur blouse, revendiquent l'autorité de leur fonction.

C'est l'automne. Il pleut. Les rues sont déjà le domaine des flaques d'eau et de la boue. De retour chez nous, je décide de téléphoner à la polyclinique pour prendre rapidement un rendez-vous. Je n'ai pas le courage de parcourir les deux kilomètres qui nous séparent de la polyclinique avec les deux petits, entre autres parce que la poussette baby-relax de Mélina provoque de tels étonnements dans la rue que je n'ose plus l'emmener. Ici la moindre différence vestimentaire est un sujet de commentaires sans discrétion de la part des passants, pas forcément malveillants d'ailleurs. Mais on marque la surprise, on vous interroge : d'où cela vient-il? Et même : combien me le vendez-vous? Je commence déjà à me sentir gênée et je préfère me passer de l'engin.

La voix de la réceptionniste grogne dans l'écouteur. J'explique le plus clairement et le plus calmement possible mon cas. La femme me fait répéter trois fois de suite notre histoire. « Mais si vous êtes étrangers, vous devez vous adresser à la polyclinique pour étrangers, pourquoi voulez-vous faire inscrire vos enfants dans nos jardins d'enfants? » Bref, elle ne comprend pas qu'étant étrangère, je puisse être autre chose que diplomate, et donc que je puisse avoir besoin de ses services. Elle raccroche. Je rappelle. Elle coupe court à mes questions en me disant qu'on ne peut rien régler de ce genre par téléphone : l'affaire est trop compliquée. J'ai dû tomber sur l'employée la plus désagréable et la moins serviable de la polyclinique. Mais il me faudra peu de temps pour déchanter. Bien vite, nous comprendrons qu'ici tout est simple tant que l'on reste dans les limites d'une stricte normalité. Mais dès que votre cas présente la moindre particularité, la moindre complexité, plus personne, dans aucun service, aucune administration, aucun magasin, n'est en mesure de vous aider rapidement et avec le sourire : on s'acharne à vous faire sentir que vous êtes différent et donc encombrant.

J'obtiens finalement, et après deux bonnes heures d'attente

dans le hall, un rendez-vous avec le pédiatre pour la fin de la semaine suivante. Les délais, bien sûr, sont plus longs que prévu, mais mon impatience se range derrière le sentiment que j'ai d'avoir franchi un grand pas; une semaine d'attente, après tout, ce n'est pas le diable.

Mais ce n'est que quatre semaines plus tard que je reçus des mains du pédiatre une petite feuille de papier autorisant les inscriptions. Quatre semaines au cours desquelles je n'ai cessé d'aller et de venir entre notre appartement et la polyclinique, d'attendre des heures durant dans des halls où parents et enfants, imperturbables, guettent leur tour, effrayés par ces deux petits Français turbulents et bruyants, peu respectueux du caractère sanitaire du lieu, effrayés également par l'agacement que je manifeste à attendre sans pouvoir jamais obtenir de rendez-vous pour une heure précise.

Un seul bénéfice, tiré de ces longues heures : celui d'avoir satisfait ma curiosité en parcourant de long en large les couloirs de l'établissement. Comme je le découvrirai par la suite, les murs des lieux publics ne doivent pas rester inutiles; ils ont eux aussi une fonction éducatrice ou militante. Ici ce sont des séries de photos de Lénine à diverses étapes de son enfance, là des conseils d'hygiène — comment se brosser les dents, se préserver des poux ou autres parasites —, des mises en garde contre les méfaits de l'alcool et du tabac, des mouvements de gymnastique quotidienne, le tout illustré de dessins d'enfants. Mais je dois avouer que l'attention avec laquelle je lisais ces panneaux provoquait dans les regards de l'assistance des interrogations surprises; j'étais bien la seule à m'y intéresser; pour eux tous, c'était là un décor si familier qu'ils ne le remarquaient plus.

Quatre semaines au cours desquelles les enfants ont subi toutes sortes d'examens et d'analyses : radioscopie, cuti, prise de sang, analyse de selle, d'urine, contrôle ORL, contrôle de la vue, etc., sans que jamais l'on pût combiner pour le même jour ne serait-ce que deux de ces contrôles. Quatre semaines enfin durant lesquelles mon esprit s'est laissé ballotter entre l'admiration devant tant de sérieux médical et l'incompréhension de ce système boiteux dont la perte de temps était la marque principale.

Par la suite, Mélina fut souvent malade, j'eus fréquemment à utiliser les services de la polyclinique, mais pas une seule fois je n'en revins de bonne humeur : non pas que la qualité des soins était insuffisante, mais parce qu'il me semblait que tout y était fait pour que je m'use les nerfs en interminables attentes. Quant aux soins, il convient de noter leur nature : la prévention domine; un enfant qui s'est absenté de la crèche ou du jardin plus de trois jours est obligé de subir une analyse de selle et d'urine. C'est d'ailleurs là une constante de l'examen médical. La peur des maladies épidémiologiques comme le choléra ou la dysenterie est permanente et l'on suspecte notamment tous ceux qui viennent de l'étranger, qu'ils soient soviétiques ou d'une autre nationalité. Les remèdes sont traditionnels dans toute la mesure du possible : lavements, cataplasmes à la farine de moutarde, injection de jus d'oignon dans les narines, constituant couramment les seules prescriptions du pédiatre.

A la crèche, chaque enfant se trouve en permanence sous surveillance médicale et la moindre défaillance est signalée aux parents. L'accueil commence dès sept heures du matin et le petit déjeuner, très consistant selon la coutume du pays, est pris sur place. Un quartier s'éveille dans l'obscurité tardive avec les processions de parents et d'enfants pressés, emmitouflés, bien souvent traînés sur des luges pendant les longs mois d'hiver. Le soir, au contraire, c'est le retour calme et lent à la maison. Les parents peuvent reprendre leurs enfants entre seize et dix-neuf heures. Bien souvent le père s'acquitte de cette tâche, prenant un plaisir non dissimulé à la promenade du retour, qui lui permet de dialoguer avec son enfant.

Pour la seconde année, nous devions choisir une autre formule. A l'origine de ce changement, la santé de Mélina qui s'était mal adaptée au climat de Moscou. Le comité d'établissement de l'agence de presse où travaillait Jean possédait, comme bien d'autres comités d'établissement importants, une crèche et un jardin d'enfants à une trentaine de kilomètres de la ville, en pleine forêt. Et ainsi, durant une année, tous les lundis matins, nous avons conduit nos enfants au centre ville où un car les attendait et nous les ramenait le vendredi soir. Il suffit aux parents de fournir le linge de rechange pour la semaine et, durant cinq jours, votre enfant vit à la campagne avec, bien entendu, un maximum d'activités en plein air. Dans ce cas, la participation aux frais est évidemment bien supérieure à celle demandée pour un jardin d'enfants à la journée, en ville. Il est difficile de donner un chiffre exact, la somme à verser étant dans l'un et l'autre cas proportionnelle aux revenus du chef de famille. Disons approximativement que pour la crèche ou le jardin d'enfants à la journée, les parents versent chaque mois 5 % du revenu du chef de famille et 10 % pour la solution à la semaine. Mais il faut souligner que cette dernière possibilité est encore le privilège de ceux qui travaillent dans une entreprise importante ou dans un ministère. Nombreux sont les amis qui nous ont envié cette chance de pouvoir faire profiter nos enfants d'un climat sain, celui de Moscou étant connu pour ne l'être guère.

Les rapports avec le personnel pédagogique sont simples, directs, cordiaux, sans rivalité. Il est incontestable que l'enfant est l'objet d'une attention générale. qu'en lui sont placés bien des rêves des aînés qui ont connu trop de privations. Mais du point de vue purement pédagogique, la sollicitude des adultes est moins généreuse, moins tendre, plus rude. Car l'enfant est surtout roi dans sa famille; à la crèche. au jardin d'enfants, à l'école, il est avant tout le futur citoyen soviétique, serviteur et éventuellement défenseur de sa patrie, discipliné, formé pour être constamment à même de comprendre et d'admettre comme indubitables les vérités énoncées à tous les niveaux d'information du pays.

Un mois après son entrée au jardin d'enfants, Fabrice maniait la langue russe avec aisance, encore un mois et il nous récitait avec emphase des poèmes à la gloire de « notre cher Lénine ». Au bout de quelques semaines passées à la crèche, Mélina s'exclamait dans un babil franco-russe : « Lénine, Lénine », chaque fois qu'elle voyait la minuscule effigie sous le titre de la *Pravda*.

A cette époque, Jean déchiffrait à peine l'alphabet cyrillique, mais dans sa frénésie d'apprendre la langue dans les plus brefs délais, il parcourait souvent la ville en utilisant les transports en commun pour assouvir son secret désir de tout voir immédiatement et de se mêler le plus possible à la vie des Moscovites. Au cours d'une randonnée en tramway avec Fabrice, il lui arriva de se plonger dans la lecture d'une brochure comportant un portrait de Lénine pratiquement à chaque page. Et invariablement Fabrice désignait à haute et intelligible voix le nom qu'il avait déjà sacralisé. A tel point que Jean, dans un moment d'humeur, lui ordonna de se taire. Réponse de Fabrice, toujours en russe et de façon nettement audible : « Papa, tu ne l'aimes pas, Lénine? » Aussitôt, des dizaines d'yeux se fixèrent sur ce père indigne qui à défaut de pouvoir s'expliquer prit la fuite à l'arrêt suivant sous les lazzis et diverses injures des grands-mères du tramway.

A aucun moment, nous n'avons senti la pédagogie donner libre cours à la fantaisie de nos enfants. C'est ainsi que Fabrice se désespérait de ne pouvoir dessiner. En fait, c'était de ne pouvoir dessiner ce qui lui était demandé par les puéricultrices. Je ne peux oublier ce premier dessin, qui lui arracha bien des larmes : celui d'un tank, et avec quelle tristesse nous avons découvert la place accordée aux armes, à l'armée, à la guerre, dans les jeux et l'éducation. Nous qui avions manifesté dans les rues de notre pays au cri de « les armes à la ferraille », voilà que nous assistions, consternés, devant notre immeuble, à la guerre entre « les nôtres et les fascistes », Russes et Allemands étant devenus les cow-boys et les indiens des jeunes générations soviétiques. Aux veilles de Noël, il nous a fallu faire des prouesses d'imagination pour offrir aux petits garçons de notre entourage autre chose que des mitraillettes, fusils, pistolets, tanks, soldats, porte-fusées à pile, etc. Notre étonnement fut à son comble lorsqu'au cours d'un voyage à Kiev, nous constatâmes que la garde autour du monument aux morts de la dernière guerre était assurée par des enfants d'une douzaine d'années, filles et garçons en uniforme kaki, mitraillettes au poing; c'était là un honneur auquel ne pouvaient prétendre que les meilleurs éléments de l'organisation des Pionniers — dont font partie tous les enfants soviétiques. Il s'agissait en fait d'un rituel que l'on retrouve dans la plupart des grandes villes ayant vécu de rudes combats au cours de la dernière guerre mondiale et, partout, les guides de l'Intourist expliquent avec émotion aux étrangers ébahis la déférence qu'inspirent ces jeunes enfants à leur entourage. Le respect — de l'ordre établi, du code social, des structures telles qu'elles existent — constitue la composante maîtresse de l'éducation. S'exprimer autrement, dans le langage, le comportement, est répréhensible; l'esprit de fantaisie est considéré comme un défaut, voire une tare.

Au cours de la première fête du Nouvel An à la crèche de Mélina, j'ai cru mourir de honte : alors que tous les enfants étaient sagement assis sur leurs chaises autour du sapin, entonnant en chœur le couplet laborieusement appris au long du trimestre, ma fille s'était installée sous l'arbre et s'empiffrait tranquillement de confiseries qu'elle avait décrochées avant terme. Je lus dans le regard des puéricultrices la consternation que provoquait cette marque notoire d'indiscipline.

Quelque temps plus tard, alors que Jean ne parlait encore que peu le russe, mais que Fabrice se défendait déjà très bien, nous roulions en voiture dans Moscou. A un carrefour, le feu passe de l'orange au rouge au moment où nous arrivons. Jean, fervent de l'infraction, prévient fièrement Fabrice en français : « Tu vois, fistouille, ce feu je vais me le griller », et ainsi fait-il. Cent mètres plus loin, un milicien le siffle, lui demande en russe ses papiers; comme il est convenu entre nous depuis longtemps, je me tais et laisse Jean expliquer en français : « Moi, Français, pas comprendre. » Le milicien continue imperturbablement à expliquer en russe qu'il y a infraction, qu'il faut produire les papiers du véhicule et le permis de conduire; Jean s'obstine à faire la sourde oreille, alors Fabrice se penche à la vitre et dans un russe impeccable dénonce le forfait de son père : « Oui, oui, vous avez raison, et même, il m'avait prévenu qu'il allait le griller! » Le milicien s'esclaffe, caresse amicalement la tête du gosse et nous autorise à partir sans autre commentaire. Nous n'en revenions pas : Fabrice, notre solide voyou, notre fidèle compagnon de polissonneries en tout genre, était déjà en passe de devenir un bon citoyen soviétique, féru d'ordre et de bonne conduite!...

Il m'est arrivé d'assister à des réunions entre parents d'élèves et jeunes éducatrices, fraîches émoulues de l'Institut pédagogique. On y bavarde des activités de la classe, des problèmes que peuvent poser certains élèves. Les parents posent des questions sur leur progéniture, car comme partout dans le monde, rien d'autre ne les intéresse vraiment. Le dialogue est décontracté, mais sans enthousiasme et ne se borne qu'à des sujets généraux. Pas question ici, ni ailleurs semble-t-il, de s'interroger sur la qualité de l'enseignement, son contenu, ses modalités, le ton du rapport élève-enseignant, etc. En revanche, la discussion s'anime lorsque les éducatrices prient les parents de sacrifier quelques heures du samedi suivant pour venir à l'école réparer les jouets en bois cassés — ceci pour les peres — et calfeutrer les fenêtres car le froid arrive — voilà pour les mères. Les parents, venus pour la plupart en couple, s'interrogent alors sur ce qu'ils ont prévu pour ce samedi, le nombre d'heures qu'ils pourront sacrifier, leur capacité à faire ce genre de travail, et, dans l'ensemble, leurs réponses sont positives. Mais, à mon étonnement, habituée que je suis aux exigences permanentes des parents d'élèves de notre pays, personne ne revendique la prise en charge par l'école elle-même, c'est-à-dire par l'État, de ce genre d'activités. Je ne cesserai de découvrir que ce n'est pas au niveau d'une réflexion théorique, collective sur l'enseignement ou la pédagogie, que l'on demande aux parents de participer à la scolarité de leurs enfants; on les cantonne strictement aux problèmes matériels : l'entretien de l'équipement scolaire ou l'organisation pratique du travail.

Il ne faudrait pas croire pour autant que les parents sont toujours en accord avec le travail des enseignants. Je les ai maintes fois entendus se plaindre entre eux de trop de négligence ou d'incompétence. Mais discuter collectivement de ce type de problème, s'en ouvrir franchement aux personnes mises en cause, ce n'est pas la coutume : les parents ont, eux aussi, été formés dans un moule où la contestation n'est pas de mise. A ce propos, je me souviens de la stupeur d'un ami français, enseignant dans une université parisienne, et qui par miracle avait pu assister à un cours magistral à l'université de Moscou : il n'en croyait pas ses oreilles tant était grand le silence dans lequel ronronnait le Maître, ni ses yeux devant tant de frénésie de la part des étudiants à prendre des notes. Là aussi, nul ne songe à se faire remarquer par une réflexion; l'enseignant jouit toujours du prestige considérable que lui confère sa fonction; pour qui réagirait, le risque serait grand de voir ses études interrompues par des brimades pouvant aller jusqu'au renvoi de l'université.

Mais revenons à nos bambins. Bien qu'ils soient encore loin de ces soucis, leur entourage s'ingénie déjà à tisser dans leur esprit un réseau de critères qui devra les guider tout au long de leur vie : comme étudiant, travailleur, père ou mère de famille, citoyen soviétique et peut-être, tous les rêves étant permis, comme membres du Parti. Dès son plus jeune âge, l'enfant acquiert simultanément le respect inconditionnel de ses aînés : parents et grands-parents, maîtres d'école, héros de la Révolution, dirigeants du pays. Les photos dans les rues, la télévision, la radio, le cinéma, le personnel enseignant, la famille, les moniteurs des Pionniers : tout et chacun veillent à leur parler de ces personnages historiques, passés ou contemporains, qui ont sacrifié leur vie à édifier pour eux cette société socialiste et à maintenir vivante leur héroïque patrie soviétique, à nulle autre pareille.

Certes, les parents entretiennent avec leurs enfants des rapports plus détendus que les enseignants. Mais il est frappant de voir avec quel sérieux ils s'acquittent de leur rôle. De façon permanente, la relation se réalise sur un mode didactique. On laisse le moins de place possible au dialogue superflu. Le père, qui surveille les jeux de son fils dans la cour de l'immeuble, intervient constamment : « N'embête pas les autres, ceci est inconvenant, cela n'est pas gentil, attention de ne pas te salir... » L'éventail des conseils est banal mais se veut pédagogique dans son obstination patiente. La maman qui s'affaire dans la cuisine parle avec son enfant, sérieusement, avec application, pour qu'au bout du compte surgisse un conseil d'ordre moral, un enseignement scientifique, le titre d'un livre à lire... Ainsi les parents participent pleinement, activement, au travail d'éducation que fournit l'État; ils contribuent à former des citoyens conscients du fait que c'est à leur patrie qu'ils doivent leur savoir et que c'est donc à elle qu'ils devront le restituer sous forme de travail; conscients aussi de leur responsabilité civique qui consistera à faire respecter l'ordre chaque fois que cela leur sera possible.

L'organisation des Pionniers est l'un des piliers de l'éducation en URSS. Certes, son rôle est avant tout d'occuper les enfants, d'organiser leur temps libre, les sorties, les vacances. Mais, bien évidemment, elle permet de maintenir les jeunes esprits dans la voie qui fournira plus tard les éléments sûrs.

Légalement, la participation d'un enfant à cette organisation n'est en rien une obligation. Pourtant tous en font partie. Des amis nous expliqueront que les rares parents qui, par désir de préserver leur rejeton, choisissent de ne pas le faire participer aux activités des Pionniers, le condamnent en même temps à un exil intérieur, à la suspicion générale, bref à une marginalité non recommandable, que l'enfant lui-même ne peut que ressentir comme une brimade.

Pour qui a vécu à Moscou, il n'est pas possible de parler des Pionniers sans évoquer leur palais. La première fois, j'ai cru voir la concrétisation de l'un des éléments du mythe soviétique de mon enfance. Ce grand immeuble moderne, isolé dans un parc, auquel mène une longue allée, fait tache dans la ville. La conception architecturale intérieure, par rapport au reste des réalisations de la capitale, témoigne d'un effort d'imagination. L'éventail des activités offert aux enfants surprend : outre les traditionnelles salles de jeux, ateliers de théâtre, de photo, sculpture, salles de dessin, on y trouve un atelier d'initiation cinématographique, des jardins botaniques, des installations d'entraînement pour jeunes cosmonautes. Les enfants travaillent sous la direction d'adultes compétents, de professionnels, et nous nous sommes laissé dire que les plus grands réalisateurs de cinéma y viennent pour les initier à leur métier.

Mais nous avons, ici encore, été frappés par l'académisme rigoureux des dessins, des photos ou des sculptures exposés. Comme si l'enfant ignorait tout de l'expression spontanée. Tout est réalisé conformément aux règles de l'art, aux règles très strictes d'un art très dirigé.

Mais Moscou est immense et chaque quartier n'est pas doté d'une telle merveille, loin s'en faut. Ce n'est pas dans n'importe quel palais de Pionniers de n'importe quel quartier que les guides de l'Intourist mènent leurs ouailles, mais toujours très précisément dans celui-ci, situé près de l'université, au cœur d'un quartier résidentiel, et qui se visite en quelque sorte comme un musée ne rassemblant que des pièces de collection.

Nous-mêmes, parents privilégiés, puisque motorisés, n'avons que rarement mené nos enfants dans ce lieu. Quant à nos amis soviétiques habitant des quartiers éloignés, la plupart nous avouèrent que leur gosse n'avait jamais ne serait-ce que visité ce monument. Seuls les quelques centaines de privilégiés qui ont régulièrement accès à ce lieu peuvent, en toute bonne foi, fournir les réponses attendues sur l'incomparable qualité de la vie offerte à tous les petits Soviétiques.

Rue du Prolétaire rouge

Mon bureau donne sur une cité ocre réservée aux militaires; deux statues monumentales, un ouvrier portant un fusil sur l'épaule et une opulente kolkhozienne, protègent le portail d'entrée. Une minuscule mercerie et un bureau de caisse d'épargne occupent le rez-de-chaussée. Sur la gauche, la petite ceinture et ses jardins, le tramway reliant les stations Kirov et Kouznetsky-Most. Voilà, passage de la Cloche, à deux pas de la place Noguina et de la Grande Synagogue, ce que j'aperçois de la fenêtre du bureau que je vais partager avec deux autres Françaises.

Mon employeur, l'agence de presse Novosti, édite des brochures et des ouvrages de propagande dans toutes les langues du monde. Théoriquement, c'est aussi notre interlocuteur chargé de résoudre tous nos problèmes.

Le mécanisme d'édition est le suivant : une commission politique travaillant en liaison étroite avec le Comité central du Parti met sur pied le plan annuel d'édition. Analyses politiques, descriptions des Républiques, reportages sur le tiers monde, les pays en voie de libération, etc. Dans ce plan, sont inclus les congrès, symposiums internationaux... Des événements tels que : la paix au Vietnam, l'assassinat du président Allende ou l'expulsion de Soljénitsyne, bien évidemment imprévisibles d'une année sur l'autre, font l'objet d'ajouts: aussi, entre l'événement et la sortie d'une brochure d'actualité, il s'écoule un bon trimestre. Le programme établi, il reste à la rédaction en chef à commander des textes à ses auteurs, qui font partie du personnel, en leur fournissant le maximum d'éléments : un projet de plan, une date de remise des copies... Parallèlement, elle recherche des spécialistes, des pigistes, des hommes de notoriété pour les commandes bien particulières. Les auteurs étant généralement fort bien rémunérés, la course à la pige n'est pas toujours exempte de déjeuners en ville, d'invitations à la datcha ou de petits cadeaux.

Les textes rédigés en russe sont ensuite confiés — à de rares exceptions près — à des traducteurs soviétiques généralement de très grande qualité. Mais comme la plupart n'ont jamais mis les pieds dans le pays dont ils manient la langue, on trouve dans leurs textes de nombreux russismes et des expressions souvent archaïques. C'est précisément pour « rewriter » ces textes que viennent de tous les pays du monde des rédacteurs stylistes ayant en poche un contrat de deux ans, théoriquement renouvelable autant de fois que l'intéressé le désire.

Voilà donc ma nouvelle profession ; elle ne nécessite aucune connaissance du russe. Une fois le texte corrigé, il passe entre les mains de rédacteurs de contrôle soviétiques, insuffisamment férus de français pour être traducteurs, mais connaissant assez notre langue pour vérifier qu'aucun détail du manuscrit original n'a été dénaturé.

Le contrôleur questionne parfois le styliste sur l'emploi de telle formule ou de telle expression incomprise ou suspecte. En cas de litige, si le styliste est en mesure d'appuyer ses arguments sur un exemple puisé dans *le Monde*, il aura fourni la preuve irréfutable de sa compétence, le quotidien de la rue des Italiens jouissant d'une réputation indiscutable dans toutes les rédactions de Moscou. Curieusement, ni *l'Humanité*, ni *les Cahiers du communisme* ne bénéficient d'une telle notoriété.

Au contraire des rédacteurs soviétiques, les étrangers bénéficient d'horaires souples, à condition, bien sûr, de fournir leur norme quotidienne.

Ma pratique de secrétaire de rédaction en France m'est d'une grande utilité pour m'acquitter avec célérité de ma ration de virgules et de points sur les i. Je ne tardai pas à avoir une réputation de bon styliste dans le petit monde de l'édition; ce qui me permit d'entrer en rapport avec des auteurs, des traducteurs, des rédacteurs en chef, des responsables de rédactions. Mais il me fallut beaucoup de persévérance pour les convaincre, même à demi, que la liberté des journalistes et des écrivains est un leurre en France, qu'ils idéalisent par trop notre pays. Il s'ensuivit quelque méfiance à mon égard. Un commentateur de politique internationale affirmait, certes très amicalement, que sous des allures sympathiques, j'étais en réalité un flic du Parti, en quelque sorte un agent new-look du KGB. Surnommé « la Voix de son maître », cet homme étonnant, non-conformiste notoire, ramenait toujours à sa rédaction le texte de commande accompagné du texte qu'il aurait aimé faire. Aujourd'hui, émigré en Israël, j'espère qu'il continue cette gymnastique très salutaire. Je n'oublierai jamais son compte rendu personnel des travaux du XXIVe congrès du PCUS et la façon dont il avait interprété l'expression de Brejnev qui, paraphrasant un dicton russe pour faire état des difficultés du pays, avait déclaré du haut de la tribune que le socialisme, ce n'est pas seulement le lait qui coule dans les rivières avec de la confiture étalée sur les berges. Du coup, le communisme perdait ses références initiales : le pouvoir des soviets, l'électrification, et devenait une espèce de gigantesque déjeuner. Un festin, m'expliqua-t-il, dont il se sentait une fois de plus exclu car, en dehors du café, il ne supportait aucune boisson...

Par contre, mes réactions — mon caractère, diront d'autres — allaient étonner dans un monde où le système hiérarchique et l'organisation du travail sont de nature à sécuriser l'individu à condition qu'il joue la règle du jeu. Il suffit d'obéir, de ne jamais poser de question, et tout se passe sans accroc. La discrétion est un atout majeur : à tous les niveaux, il y a des gens qui pensent pour vous et pour votre tranquillité. Pour ma part, étant professionnellement en marge, il m'arriva plus d'une fois de refuser l'exécution de certains travaux, provoquant ainsi de véritables drames dans le service — jusqu'à terroriser mes collègues femmes. Sans grande gloire d'ailleurs car tous étaient contraints de pallier mes défections afin que l'incident ne sorte pas de notre bureau.

Un camarade français travaillant à Tass fut moins chanceux. Seul styliste de l'agence officielle, il négligeait systématiquement de relire les dépêches concernant l'affaire Soljénitsyne. La fougue de sa jeunesse le poussa jusqu'à la porte du rédacteur en chef pour s'en expliquer. Peu de temps après, il rentrait en France sans autre forme de procès.

J'ai fait à cette époque quelques jours de grève.

Nos enfants étaient alors à la crèche hebdomadaire, sise à trente kilomètres de la capitale, et nous avions projeté de leur rendre visite. Comme il nous était permis de quitter Moscou sans visa dans un rayon de quarante kilomètres, nous n'imaginions pas que l'exécution de ce projet poserait le moindre problème. Pourtant, dès le premier poste de contrôle routier, la police nous obligea à faire demi-tour. La zone était-elle plus limitée dans cette direction? Nous fîmes une demande de visa en bonne et due forme. M'inquiétant de ne pas voir nos formulaires revenir, je voulus demander des explications au responsable. Réponse : « Il est malade pour quinze jours et tout est enfermé sous clé dans son tiroir. »

Au retour de l'intéressé, nous déposâmes une deuxième demande. Non seulement elle resta sans réponse, mais tout le monde se dérobait à mes interrogations. Lassé de cette partie de ping-pong sans balle, j'annonçai mon intention de rentrer chez moi et de ne revenir qu'après la réception du visa ou d'une communication téléphonique m'indiquant les raisons du refus. Au bout de quatre jours, je reçus un coup de fil m'expliquant avec beaucoup de gêne qu'il nous était impossible de nous rendre sur place en voiture à cause du très mauvais état de la route. Qu'à cela ne tienne, nous irions en train ou en taxi. En conséquence, je retournerais au bureau dès réception des visas. Quatre jours encore furent nécessaires pour que je reçoive la visite d'un employé de l'agence venu en mission diplomatique m'indiquer les vraies raisons. La petite ville où se trouvaient nos enfants, située sur une route conduisant à une usine d'armements, était de ce fait strictement interdite aux étrangers.

Nous avons cru un temps, avec beaucoup d'inquiétude, que le refus était motivé par de mauvaises conditions de logement des enfants. C'était tout le contraire. Ils vivaient dans d'agréables isbas au milieu d'un parc merveilleux. Par la suite, nous nous y sommes rendus à de nombreuses reprises, mais dans la voiture d'amis soviétiques, et sans jamais voir la moindre ombre d'usine, ni d'armes. Et quand bien même en aurions-nous aperçu, je me demande encore très sincèrement quelle influence cela aurait pu avoir sur la sécurité de l'URSS.

En vérité, nous étions là face à l'absurdité totale où peut conduire une bureaucratie aveugle. Que de nerfs, de colère, de temps et d'argent gâchés pour un refus de principe de dire la vérité! Nous l'apprenions chaque jour : qui ne court-circuite pas l'administration est condamné à une paralysie totale.

Certes, personne ne pourra jamais se glorifier d'avoir réussi à découvrir la meilleure façon de contourner la bureaucratie soviétique, mais nous sommes toutefois en mesure de prétendre que nous avons su — au prix de longues attentes, de dépressions rentrées et de grandes périodes de découragement — faire valoir nos droits. Aussi choquant que cela ait pu être pour nos consciences de communistes, combien de fois avons-nous, sous l'œil paternel d'un portrait de Lénine, échangé un tampon, une signature, un formulaire, un visa même, contre une cartouche de cigarettes américaines, une bouteille de whisky ou un flacon de parfum français. Miracle des devises et du passeport. Drame de la pénurie et de la fascination pour tout ce qui est inaccessible.

De même, malgré les consignes obligeant à déclarer notre voiture dans les quinze jours suivant l'arrivée à Moscou, nous n'avons jamais procédé à cette formalité, mais sillonné la ville en dignes ambassadeurs des Bouches-du-Rhône et d'autant mieux qu'elle était immatriculée DK * 13. Aucun citoyen soviétique n'aurait pu être aussi longtemps en dehors de la loi. Si la police a fermé les yeux sur cette irrégularité, c'est uniquement parce qu'elle n'a jamais eu besoin de monnaie d'échange pour faire pression sur nous, et que notre comportement quotidien a toujours été celui de loyaux coopérants, dans une entreprise de presse du Comité central du PCUS.

Le Soviétique, lui, n'insiste pas; s'entendre dire « *niet* » est devenu pour lui comme une seconde nature, et si, dans un moment d'égarement, il se laissait aller à évoquer le mot de grève — dont il n'a pas le concept — pour faire valoir ses droits, il s'exposerait aux pires ennuis aussi bien sur le plan professionnel que dans sa vie quotidienne. Car c'est le genre de propos qui ne manquent pas d'être mentionnés sur le carnet de travail qui suit chaque individu, au même titre que, s'il y a lieu, l'alcoolisme à l'usine. Au moment de mes colères, de mes indignations, de mes interrogations à voix haute, on ne manqua pas de me faire observer qu'il en fallait parfois moins pour être considéré comme un cas notoire de psychiatrie.

Par mesure de sécurité, la peur panique de l'incendie étant une composante séculaire de la vie à Moscou, et pour ne pas incommoder les camarades de travail, il est strictement inter-

* En russe DK est l'abréviation de Diplomatik Corpus (corps diplomatique).

dit de fumer dans les bureaux. Au bout de chaque palier, des fauteuils et de grands cendriers font office de fumoir. Un petit coin privilégié où il nous arrivait de passer plus de temps qu'au bureau. Mon groupe d'amis, composé de Russes, de Cubains, de Juifs et d'Arabes, se retrouvait toutes les demi-heures au fumoir du troisième étage pour reprendre les discussions là où elles avaient été laissées à la dernière cigarette. Nous nous informions par le menu de tous les ragots, faits divers, mutations dans l'agence. Nous nous fournissions des adresses pour du travail au noir, et échangions comme des lycéens des « jawas » russes contre des « partagas » cubaines ou des Gauloises bleues.

En l'absence d'un système bancaire public et de virement postal, chaque entreprise paie directement ses employés à la quinzaine. Alors, notre fumoir, situé sur le même palier que la caisse, devenait un lieu de grande animation. Le jour de paie, on pouvait voir défiler les auteurs, les pigistes, les collaborateurs. J'ai essayé à plusieurs reprises d'engager le dialogue avec certains d'entre eux pour les questionner sur des détails de leur texte. Mais ma démarche faisait sourire. Pour la quasi-totalité des auteurs, les textes de commande sont strictement sans intérêt et par conséquent seuls les carriéristes et les ambitieux peuvent poser ce type de questions. Si on les suppose en passe d'occuper un poste important, on n'hésitera pas à jouer le jeu et à leur répondre avec déférence.

Combien de fois ai-je entendu, pour donner une explication à l'arrivée tardive de leurs textes, des auteurs affirmer que leur machine à écrire était en panne tellement les caractères composant l'expression « marxisme-léninisme » étaient usés! Cela, bien entendu, devant des subalternes ou des copains sûrs, car on ne plaisante pas sur des choses sacrées avec les chefs qui sont parfaitement imperméables à ce genre d'humour et qui peuvent sur une impression condamner définitivement dans leur esprit un individu. « Un tel est bien mais d'origine petite-bourgeoise, tel autre écrit bien mais ses jeans et ses cheveux longs sont suspects, un troisième a du talent mais avec son nom juif, il n'ira pas loin... » Et par cette escalade de jugements à l'emporte-pièce, on finit par confier la quasi-totalité des postes clés à des individus de peu d'envergure, aux origines ouvrières, qui se distinguent surtout par leur capacité d'obéissance et leur allégeance au Parti.

Ce fait de civilisation impose entre les individus des rapports faussés au départ. On sait que les promotions ou les responsabilités ne sont pas forcément liées à la qualification professionnelle, que la part de décision individuelle est très strictement limitée. On admirera plus volontiers quelqu'un pour ses vêtements originaux que pour un bon travail de création, dont il n'est ni le maître ni l'instigateur. Ainsi s'établit un consensus de relative égalité propre à tous ceux qui n'ont pas réellement choisi de se trouver ensemble sur un même bateau. Et, pour s'en accommoder, on s'efforce de vivre en bonne intelligence, passant la première heure de travail à commenter le film télévisé de la veille, à échanger des recettes ou de bons tuyaux, se conseiller une coiffeuse, se revendre des billets de spectacles. La totale stabilité de l'emploi, l'inamovibilité des individus à leurs postes créent les conditions pour que la majeure partie du personnel sache que les murs, les meubles et les têtes qu'il côtoie aujourd'hui demeureront son environnement jusqu'à l'heure de la retraite.

Dans ces bureaux, où la bouilloire déverse à chaque heure son thé, où l'on s'empiffre de gâteaux, où l'on fête le moindre événement, où chaque anniversaire, chaque naissance est prétexte à une collecte et à un cadeau, règne une réelle solidarité.

Il m'arriva un jour de constater que la responsabilité se niche parfois dans de bien curieuses pratiques. Malgré de très stricts contrôles de correction, l'on s'aperçut, après tirage, que vingt mille exemplaires d'une brochure consacrée à la Deuxième Guerre mondiale, portaient la date du 28 février au lieu du 8. La commande venant de l'armée, il était hors de question d'ajouter un erratum. En pareil cas, les secrétaires, les linotypistes, les rédacteurs de contrôle, les correcteurs, tous ceux qui, à un moment ou à un autre, auraient dû voir passer la coquille, ont une amende équivalente au prix total du préjudice. Comme la somme était assez considérable, tout le personnel décida de passer plusieurs nuits au bureau et de gratter soigneusement avec des lames de rasoir le fameux « 2 » fauteur de tempête. Ainsi le client fermerait-il les yeux. Est-ce un moyen de réduire le laisser-aller? Personne en tout cas ne comprit mon indignation de syndicaliste tant ce genre de pratique était passé dans les mœurs. Je fus le témoin de ce type d'erreurs à trois reprises, et lorsque la faute était irrémédiable, une collecte parmi l'ensemble du personnel était discrètement organisée pour réduire le montant de l'amende.

Mon ami, « la Voix de son maître », me confia qu'il avait tenté un jour d'organiser une sorte de caisse de secours mutuel à laquelle chacun verserait une somme mensuelle pour faire face à ce genre de coups durs. Soupçonné de vouloir détourner des fonds et d'organiser une association illégale, il renonça bien vite à ce projet et en imagina une histoire : celle du prix qu'aurait à payer un cosmonaute faisant route vers Mars alors qu'il avait mission de débarquer sur la Lune...

Il m'est arrivé, à certaines périodes, de travailler pour six entreprises à la fois : j'avais été pris dans le cycle moscovite de la course à l'argent et par le désir de rencontrer le plus de personnes possible. J'aurais volontiers accepté de travailler gratuitement, mais cela n'était pas possible. Il me fallait donc sacrifier quatre après-midi par mois pour toucher mes divers honoraires, attendre plusieurs heures pour un tampon, être humilié parce que je n'orthographiais pas correctement la somme à percevoir. Mais les files devant les caisses m'ont permis de lier connaissance et de discuter avec une multitude d'hommes et de femmes, en butte aux problèmes de création, de possibilité de s'exprimer. Ailleurs aussi pesait cette chape de plomb qui réduit l'individu à l'état permanent de simple exécutant, de personnage sans envergure, dont le devoir est de déléguer son besoin de responsabilité à d'autres, à un autre indéfinissable, impalpable, sans corps ni âme.

Volonté de broyer les individus? Exigence du plein emploi? Il m'a fallu sortir du monde bien particulier de l'édition, de ce milieu à l'abri du besoin matériel et en contact permanent avec les étrangers, pour constater que le sentiment d'inutilité se retrouvait un peu partout.

Rage de cet ingénieur chimiste qui ne pouvait réellement travailler qu'un jour par semaine à cause du manque de matériel dans son laboratoire et de la pléthore de personnel, mais qui devait faire ses quarante heures de présence.

Colère de ce commis voyageur chargé de revendre aux kolkhoziens les garnitures de plastique récupérées sur des voitures réformées pour être recyclées en matériel de serres. Ce Sibérien, qui aurait pu entrer dans la légende d'un travail socialiste de type nouveau, fut au bord de la dépression lorsqu'il s'aperçut, après une année, que toute son ardeur à convaincre les kolkhoziens d'utiliser ce nouveau procédé était réduite à néant : le projet de recyclage n'avait pas eu de suite et on avait négligé de le prévenir.

De tels cas, mille fois rencontrés, mille fois racontés, sur les heures et les mois perdus, l'absurdité de ce système, ont contribué à forger le portrait du Soviétique qui passe pour un homme décontracté, pour qui le temps est élastique, sans grande valeur et d'une importance toute relative. Chaque instant de la vie quotidienne permet de vérifier cette lenteur du temps que l'on met souvent, et un peu trop hâtivement, au compte du caractère slave.

A la cantine de l'entreprise, rien ne s'opposait à ce que l'on soit servi rapidement, mais il y avait toujours une circonstance pour ralentir le service et provoquer la formation d'une queue interminable. La nourriture était médiocre, chère, et, en plus, il fallait attendre une demi-heure sa ration de petits pois et de saucisses. Mes amis soviétiques comprenaient mal ma mauvaise humeur. Les femmes ne manquaient pas d'afficher ostensiblement leur profond mépris devant ce perturbateur au verbe haut, ponctuant son impatience de cris de Sioux ou sifflotant l'Internationale... On avait préféré m'exempter de queue plutôt que de subir ma présence agaçante. « Chez nous, c'est comme ça, ne se lassait-on pas de me dire, et il en sera toujours ainsi car il n'y a aucune raison pour que ça change. Trop de choses devraient être améliorées avant que la cantine fonctionne bien, et personne, à aucun niveau, n'a envie de bouleverser les habitudes, pas même les intéressés. »

Curieuse philosophie du renoncement, officiellement encouragée. A partir du moment où l'État et le Parti affirment détenir les rênes du progrès et que les mesures administratives nécessaires ont été prises pour parvenir aux changements, il ne reste plus au citoyen qu'à attendre passivement et à voir venir. L'esprit d'initiative est devenu un bien vilain défaut dans la vie sociale qui a relégué le stakhanovisme, mais aussi toute idée d'altruisme, au musée poussiéreux et bien lointain de la période révolutionnaire.

Malgré mon passe-droit, je décidai de ne plus manger sur place. Mais je n'avais aucune envie d'apporter des sandwiches au bureau, comme la plupart de mes collègues. Aussi notre groupe décida-t-il de trouver une table de meilleure qualité pour la coupure de midi. Un rédacteur, ayant fait des piges à la revue *Jeunesse,* se souvint d'un petit restaurant spécialisé dans les brochettes et d'un prix abordable. Existait-il encore? Nous en aurions le cœur net dès le lendemain.

Pour y aller, c'est très simple, m'expliqua-t-on. Tu prends le métro à Kirov, après Marx tu changes à la Place-de-la-Révolution, tu descends à Maïakovski, puis laissant derrière toi l'hôtel Pékin, tu longes la ceinture des jardins sur le trottoir qui fait face à l'ambassade du Chili et tu tournes à gauche dans la rue du Prolétaire rouge, celle qui se trouve avant le théâtre de marionnettes d'Obraztsov. Impossible de te tromper, il n'y a qu'un restaurant.

Itinéraire vraiment idéal pour une histoire d'amour encore très vivace. Mais même l'ambassade du Chili avait changé de fonction et d'occupants. Les arbres de l'avenue disparaissaient, sacrifiés les uns après les autres sur l'autel de la circulation. Les bulldozers, eux, transformaient les dernières isbas de bois aux fenêtres ciselées en de gigantesques boîtes d'allumettes renversées que personne ne pourrait plus ranger. Bientôt le feu purificateur ferait place nette au béton. C'est la loi universelle du progrès. Et nous avions eu la naïveté de penser que sous un ordre social nouveau, débarrassé de la spéculation, les richesses du passé pouvaient garder leur âme et leur intégrité...

Que la neige crisse sous les bottes de l'hiver, que les feuilles tendres du printemps emplissent l'air d'une promesse de renouveau, que les feuilles mortes de l'automne réveillent les longs balais de bois, que la chaleur torride de l'été rende Moscou à ses seuls vrais habitants, la rue du Prolétaire rouge gardait cependant pour nous le charme immuable de ces lieux privilégiés où les sentiments se laissent aller, où les rires n'ont plus de raison de ne pas éclater et les larmes d'être contenues. Bien que très modeste, tristement décorée, notre chachlichnaïa se transforma vite en un jardin secret, une oasis de paix et de sécurité.

Le personnel y était très gentil, ému souvent d'être le témoin de discussions aussi chaleureuses et passionnées. Les brochettes toujours chaudes ne manquaient jamais de sauce. Rare privilège, on y trouvait du vin rouge sec et des olives noires, même lorsque la capitale en avait perdu le souvenir depuis trois mois. Aux tables voisines, des ouvriers d'une usine proche, des secrétaires et la sympathique rédaction de la revue *Jeunesse*. Seuls les intrus à l'établissement essayaient en vain d'introduire une piécette dans le juke-box qui avait rendu l'âme depuis longtemps et que personne ne songeait à réparer.

Ah! si dans ce cadre nous n'avions pas entendu autant de propos désabusés, et tant d'angoisses s'exprimer devant le manque de perspectives, quelle tentation et quel plaisir aurions-nous eu d'écrire une ode d'amour à ce grand peuple dont les progrès constants, malgré les difficultés et les pesanteurs de l'Histoire, auraient émerveillé les gens de cœur du monde entier.

La voie royale

Une fois par an, au printemps, il fait un temps à sortir une caméra dans la rue pour filmer Moscou faisant sa toilette après la longue léthargie de l'hiver. Le grand samedi communiste annuel transforme la ville et lui donne un air de fête animée. La capitale devient une gigantesque ruche affairée qui nettoie, blanchit, fleurit, goudronne, ravale, répare, plante des arbustes, taille des haies, vide les tiroirs encombrés, ramasse les tas d'ordures. Ce jour-là, à travers toute l'Union, l'ensemble de la population est exhortée à travailler bénévolement pour la collectivité. Une tradition qui remonte aux premières années de la Révolution. Un tableau représentant Lénine au travail dans la cour du Kremlin réapparaît dans toute la presse pour la circonstance. Dans ses réunions internes, le Parti incite ses membres à se montrer les meilleurs au cours de cette journée. La ville se pare de petits drapeaux rouges et jamais comme ce jour-là les étrangers ne se sentent de trop, troublant par leur présence une fête de famille, prétexte à un travail décontracté, à plaisanteries, rires et beuveries car il n'est pas imaginable ici que la fête puisse finir autrement.

Nous tirant nous aussi de la léthargie de notre premier hiver, le spectacle de cette ville transfigurée nous incita à la réflexion : décidément les traditions révolutionnaires existaient bel et bien, et désormais il nous faudrait juger avec plus d'humilité les événements qui nous heurtaient quotidiennement.

A l'époque, je n'étais pas encore un Français à l'étranger mais un militant à Moscou. J'agissais comme si mon devoir de communiste m'obligeait, comme je le faisais en France, à convaincre mes amis d'adhérer au Parti.

Le lundi suivant, rue du Prolétaire rouge, je leur reprochai amèrement de ne m'avoir jamais parlé de cette merveilleuse tradition et les questionnai sur leur emploi du temps dans notre restaurant à la façade repeinte et aux rideaux repassés de frais. Un seul de mes camarades de l'agence, membre du Parti, avait passé la journée à nettoyer de fond en comble son bureau, lessiver les murs et surtout à se montrer régulièrement à ses chefs de service et à son responsable politique. Tous les autres, dont l'absence sur le lieu de travail n'avait pas la moindre incidence professionnelle, étaient restés chez eux, se contentant dans l'après-midi de planter quelques clous dans les jouets cassés du jardin d'enfants. Je les traitai bien sincèrement de pauvres intellectuels passant à côté d'un phénomène social passionnant et inexistant dans les pays occidentaux. Ils invitèrent la tablée voisine, des métallos, à partager un verre de vin avec nous, et je pus dire de vive voix à ces prolétaires soviétiques mon admiration pour leur militantisme et la façon dont ils prenaient eux-mêmes en charge l'entretien de leurs rues, de leurs parcs et de leurs usines. Il n'en fallut pas plus pour que la coupe soit pleine et que le plaisir d'être avec un étranger s'estompe. Non seulement ils avaient été de corvée un samedi. Non seulement ils n'avaient pas pu de tout le dimanche avoir un programme potable qui ne fasse pas allusion au samedi communiste, mais encore il fallait que le lundi un Français leur tienne le même langage que la télé. Décidément, il y avait quelque chose qui ne tournait pas rond dans les pays capitalistes, et ce n'était pas du tout ce dont la presse parlait régulièrement!

Pour nos amis, pour les gens de rencontre, notre qualité de membre du Parti jetait un froid, un malaise et une espèce de retenue dans les conversations. Pour nous qui avions connu la chaleur des rencontres organisées, la ferveur des toasts, le contraste n'en était que plus symptomatique et déroutant. Loin des réunions officielles, les camarades soviétiques ne comprenaient pas que l'on pût être membre d'un parti communiste de façon désintéressée dans un pays comme la France, où l'on trouve de tout, où l'on possède une voiture personnelle à trente ans. Il nous fallut d'interminables argumentations pour tenter de convaincre les plus proches de notre bonne foi et de notre sincérité à vouloir. nous. intellectuels français, bâtir une société sans injustice sociale, forts de ce que pouvait nous apporter la dictature du prolétariat.

Lorsque l'intimité se fit plus profonde, on nous demanda d'éviter ce genre de discussions qui sentaient le par cœur, et ressemblaient un peu trop, pour ne pas être suspectes, à la prose des éditoriaux de la *Pravda* et aux commentaires quotidiens de la télévision. Les jeunes surtout exprimaient cette défiance. Ceux pour qui la phase révolutionnaire concerne un passé lointain, une vieille histoire enterrée que les aînés s'ingénient en vain à ressusciter. Ils ont cessé de croire en un quelconque idéalisme et, comme tous les enfants du siècle, rêvent exclusivement de jolies filles, de voitures, de biens matériels et de travail facile. Quant à la politique, elle a suffisamment de personnel grassement appointé pour qu'il soit besoin de s'encombrer de ce genre de problèmes. Toutefois, lors d'événements importants tels que les jours de scrutin, les conférences idéologiques à l'entreprise, les jours de manifestation officielle comme le 1er Mai, alors que l'on connaît à l'avance sa place dans le défilé, son rôle et les slogans à crier, le Soviétique change de peau, trouve un sérieux et un enthousiasme qui ne laissent pas planer le moindre doute sur la solidité du régime et la puissance du Parti. Comme s'il y avait une sorte d'impôt civique et politique à payer pour gagner sa tranquillité au travail et l'estime dans son immeuble.

Être membre du Parti communiste de l'Union soviétique représente un bouleversement complet dans la vie d'un individu. Le passage de l'adolescence à l'âge adulte, de l'insouciance à la prise de conscience de ses responsabilités.

Selon les statistiques officielles, sur les deux cent soixante millions d'habitants du pays, seize millions sont membres du Parti, soit environ 6 %. Cette proportion peut sembler faible pour un pays totalement administré et gouverné par un parti unique, sans lequel rien ne se fait ni ne peut se faire : de l'aide matérielle au Vietnam à la plantation d'un arbre dans un square. Mais il nous a fallu de très longs mois pour comprendre à quel point cette question « pourquoi n'adhères-tu pas au Parti? » n'avait aucun sens.

On n'adhère pas librement au Parti, c'est lui qui vous recrute. L'admission est une longue épreuve, en plusieurs étapes, qui peut durer des années. L'individu qui nourrit le secret espoir d'entrer dans la grande famille des communistes se doit de réviser de fond en comble son mode de vie. D'abord, devenir un citoyen dont on pourra dire en toutes circonstances qu'il est « *koultourny* », c'est-à-dire bien élevé, réfléchi, ne se montrant jamais sous un aspect négligé, portant de préférence une cravate, des vêtements corrects et discrets. Il sera toujours rasé de frais, bien coiffé, sans cheveux longs. La correction dans la mise doit se transformer en seconde nature et, comme l'exemple vient d'en haut, le premier geste de Léonide Brejnev, descendant d'avion lors de ses visites officielles, consiste à sortir un peigne de sa poche et à se recoiffer pour représenter dignement son pays. Le candidat déjà métamorphosé ne crache plus par terre à tout moment, s'efforce d'être galant, cède sa place aux personnes âgées, n'élève pas le ton dans les discussions, si ce n'est pour défendre les intérêts de sa patrie. Son assiduité aux réunions d'information politique, les questions pertinentes abondant dans le sens de l'orateur, l'intérêt porté à son travail le placeront tout naturellement en position d'estime vis-à-vis de ses chefs. Abonné à la *Pravda* de sa propre initiative et sans avoir attendu les campagnes militantes, il n'hésitera pas à faire référence aux éditoriaux de l'organe du PCUS et, à l'occasion, à interroger le responsable du Parti sur le sens de telle intervention du secrétaire général. Cette attitude positive ne manquera pas d'être remarquée, d'autant plus que l'impétrant se sera proposé à plusieurs reprises pour exécuter le journal mural et aura fait preuve de zèle pendant le samedi communiste.

Ce programme bien exécuté, il n'aura plus qu'à attendre sa convocation pour une discussion privée avec le responsable du Parti, et, selon le ton, la durée de l'entretien, il saura s'il a un pied dans l'engrenage bien huilé qui peut bouleverser sa vie.

Elle est déjà modifiée : ses comportements, son assiduité au travail ont déjà écarté de lui un certain nombre d'amis. Lui-même éliminera ceux qui peuvent être gênants parce que mal notés. Pour ne pas risquer d'apparaître sous un mauvais jour, il refusera à bon escient un verre de vodka et, de fait, deviendra réellement un homme *koultourny*. L'archétype du bon citoyen soviétique membre du Parti ou non.

J'ai vécu la douloureuse métamorphose d'un ami azerbaïdjanais établi à Moscou. Tels de jeunes amoureux, nous ne nous quittions plus après notre première rencontre, échafaudant des projets d'avenir et nous retrouvant au moindre prétexte à la rue du Prolétaire rouge. Nous partirions ensemble pour Bakou et Kirovabad, sa ville natale, et je comprendrais ce qu'hospitalité et joie de vivre signifient. Nous écririons à deux voix un livre sur l'amitié franco-soviétique à travers la rencontre d'un Azerbaïdjanais soviétique et d'un Arménien français. Il me montrerait le Baïkal et les jeunes qui descendent les rivières sibériennes en radeau, la construction du deuxième transsibérien et les aurores boréales.

C'était un vrai Soviétique, plein de naïveté curieuse, refusant des petits cadeaux de Paris sur lesquels d'autres se seraient précipités, préférant les déplacements en métro plutôt qu'en voiture. Intelligent, plein de finesse, n'oubliant jamais d'apporter un bouquet de fleurs à Nina à chacune de ses visites, il était notre confident, celui qui tentait de nous expliquer son pays, le pourquoi des erreurs, les raisons d'espérer.

D'autres amis, qui l'avaient rencontré à notre table, nous mirent en garde sur ce genre d'amitié, puisant dans le gigantesque arsenal des méthodes policières des exemples de délation, d'enquêtes, de renseignements, etc. Malgré toutes ces recommandations, nous étions certains du contraire et nous en eûmes la preuve. Un beau jour, en effet, les visites quasi quotidiennes commencèrent à s'espacer. Des coups de téléphone embarrassés, des départs inopinés pour Bakou, des obligations professionnelles lui interdisaient de se rendre chez nous. Outre la sincère amitié que nous lui portions, nous voyions se réduire notre programme de voyages si minutieusement échafaudé. Je décidai en conséquence de me rendre chez lui à l'improviste pour lui demander des explications. Il se fit un peu prier puis m'avoua ses efforts pour entrer au Parti. Quelques verres contribuèrent à détendre l'atmosphère et il m'expliqua par le menu son incompréhensible métamorphose. Son responsable politique lui avait laissé entendre qu'un citoyen soviétique appelé à rejoindre la grande famille des communistes se devait de mener une vie irréprochable, d'éviter la futilité. Au nombre des recommandations plus morales que politiques, il fut fait allusion aux rapports avec les étrangers — même communistes — qu'il vaut mieux éviter. « Dans ces conditions, me dit-il tristement, il est préférable que nous ne nous rencontrions plus. A quoi bon se voir pour n'échanger que des banalités et cacher ses véritables sentiments? » Je compris alors que tous ses discours enflammés de ces derniers temps étaient en fait une sorte de tribut douloureux mais nécessaire.

Moi qui n'avais cessé de militer en exhortant mes amis à adhérer au Parti, je lui demandai alors pourquoi, à présent, sachant cela, il posait néanmoins sa candidature, ce qui l'empêchait d'arrêter là sa démarche pour retrouver son insouciance, son enthousiasme, ses amis et sa joie de vivre d'antan? En fait, il avait mis un pied dans l'engrenage et déjà la fuite en avant était inexorable. Arrêter subitement le processus signifiait la fin des espoirs, la mort des ambitions professionnelles. Car il ne fait pas de doute que, parvenu à un certain degré de qualification, le saut vers un poste de responsabilité exige une confiance totale, donc la carte du Parti, espèce de sésame pour un statut social envié et définitif.

C'est dans cet état d'esprit que la longue marche vers l'adhésion continue.

Tous ces examens franchis, le candidat devra trouver deux parrains communistes. Ils se porteront garants de sa moralité et feront pour lui la demande d'admission. Le nombre d'adhérents étant strictement limité pour conserver le caractère exceptionnel de l'acte, le futur communiste devra attendre que le moment favorable arrive. Pour les intellectuels, le *numerus clausus* est strict et les listes d'attente longues. La qualité des parrains, leur place dans la hiérarchie, l'attitude et l'appréciation pendant le passage chez les Komsomols* pèseront donc de tout leur poids et, à de rares exceptions près, on évitera de se choisir des témoins juifs ou des personnes dont la biographie n'est pas exempte de toute ombre. Sans ce long processus au cours duquel les candidats étudient aussi la révolution dans les textes, il est bien évident que le pourcentage de communistes soviétiques serait considérablement plus élevé.

Si, dans les grandes villes, l'adhésion revêt aujourd'hui encore ce caractère de grand sérieux, j'ai vu par contre à

* Organisation des Jeunesses communistes.

Erevan des candidats s'acheter la signature de parrains moyennant quelque quatre cents roubles. Ils avaient besoin de la précieuse carte rouge en cuir frappé de lettres d'or, soit pour favoriser l'obtention d'un visa touristique, soit pour grimper dans la hiérarchie, soit enfin pour être blanchis de tout soupçon dans une affaire scabreuse. La carte est un précieux passeport qui ouvre des portes, confère la crédibilité et permet d'être un maillon de la solide confrérie qui tient en main les rênes du pays et, par contrecoup, d'une bonne partie de l'univers.

Le membre du Parti devient un homme sûr de lui, ayant réponse à tout, ne se trompant jamais, grâce au marxisme, et détenant la clé de la science et du jugement universel. Parallèlement, il se doit de renoncer à tout esprit critique et à toute idée personnelle en matière de politique. Il pourra émettre certaines hypothèses en privé mais, dans sa vie publique, il se contentera de développer point par point les arguments de la *Pravda.*

Ainsi, le Parti pourra se prévaloir de la fameuse unité de pensée du peuple soviétique. Sans aucune faille ni particularisme. L'homogénéité idéologique étant totale, de l'académicien de Vilnius au prolétaire de Volgograd en passant par le kolkhozien de Voronèje ou le chercheur d'Erevan, comment imaginer qu'une session du Comité central, du Politburo et par contrecoup du Soviet suprême puisse faire état de la moindre divergence en dehors des périodes de crise qui débouchent sur des purges à grande échelle?

Le monde entier observe l'URSS, et donc chacun des membres de son parti. Dans ces conditions, s'enfoncer dans le mensonge devient une vertu si c'est pour servir les intérêts supérieurs de l'État.

De nombreux camarades, revenant d'une mission dans les pays capitalistes, ont été appelés à faire des conférences politiques dans leur entreprise pour expliquer comment les ouvriers sont exploités, les difficultés de vivre à l'Ouest, la cherté de la vie, etc. Autant de discours appris par cœur et figeant à jamais un paysage capitaliste pourtant sensiblement modifié par l'acquis des luttes populaires. Or, pour qui sait comment les Soviétiques vivent à l'étranger, les contacts qu'ils y nouent et la presse qu'ils y lisent, il ne fait guère de doute que ce qu'ils découvrent à l'Ouest ressemble fort à une image de paradis terrestre.

Au retour d'un voyage au Japon, je fus harcelé de questions par mes collègues, et je tentai tant bien que mal de décrire la très complexe et paradoxale situation de ce pays. Au bout d'un moment, on me posa la question de confiance : « Mais en définitive, où préférerais-tu vivre : à Khabarovsk ou à Yokohama? » Impossible de répondre à une telle question tant qu'il y aura encore sur terre des gens capables de la poser en toute sincérité, et des structures politiques pérennisant un niveau de connaissances dramatiquement bas sur certains sujets.

Nous avions eu la chance de revenir de Yokohama sur le même bateau que la prestigieuse troupe du Bolchoï. C'était l'occasion rêvée de connaître en profondeur le milieu artistique. D'autant que nombre d'entre eux, artistes émérites de l'URSS, connaissent les problèmes de leur profession mieux que personne. Mais cette traversée fut pour nous un véritable cauchemar. Pendant trois jours, le pont fut transformé en une plage privée, digne de Saint-Tropez. Toutes les trois heures, les femmes allaient dans leur cabine pour changer de toilette, les hommes comparaient la qualité des diverses marques de blue-jeans et répertoriaient à haute voix le nombre de gadgets, de parapluies rétractables et autres objets introuvables, qu'ils avaient pu acquérir avec la partie de leur cachet versée en devises. A Khabarovsk, le départ de l'avion pour Moscou fut retardé de trois heures afin de permettre le chargement des bagages de la troupe : un gigantesque déménagement qui comprenait des chaînes stéréo, des téléviseurs couleur, mais aussi des centaines de rouleaux de papier peint, des coupons de tissus, des pelotes de laine, des pots de peinture, etc. Visiblement des commandes bien précises qui leur permettraient de vivre grassement pendant des mois sinon des années. La notoriété de ces artistes est telle que les douaniers soviétiques firent un contrôle tout symbolique des valises diplomatiques des « artistes du peuple »... Même le responsable du Parti qui les accompagnait nous refusa le moindre dialogue, considérant que deux Français isolés, modestement vêtus, n'offrent pas d'intérêt, que leur jugement ne peut prêter à aucune conséquence. Le plus comique de l'histoire est d'imaginer que, quelques jours plus tôt, ces mêmes artistes avaient dû rencontrer, grâce à l'association Japon-URSS, des travailleurs nippons. Au cours d'un entretien très détendu, obéissant aux directives de leur responsable politique, ils avaient répondu « librement » à toutes les questions d'un auditoire fasciné par la jeunesse et l'intelligence de ces prestigieux représentants du grand peuple bâtisseur du communisme. Sur le bateau soviétique, les consommations au bar étaient payables en devises étrangères, ce ne fut donc pas la ruée vers les doubles whiskies. Il valait mieux garder les dollars pour des choses plus sérieuses. Par contre, dans le transsibérien nous conduisant de Nakhodka à Khabarovsk, nous avons été les témoins d'un comportement odieux. Nous étions là en territoire soviétique et désormais le rouble retrouvait ses droits. Le wagon-restaurant fut alors totalement investi par une horde d'affamés, commandant tout ce que le train pouvait contenir de victuailles et d'alcool. Les serveuses se souciaient fort peu des étrangers. Elles avaient retrouvé les leurs et s'abandonnaient à la fascination, attentives aux moindres désirs de ces enfants gâtés! Il nous fallut intervenir violemment auprès du représentant de l'Intourist, et provoquer un véritable scandale à un jet de pierres des miradors chinois, pour que quelques vieux Japonais puissent acheter un sandwich. Que pouvaient donc penser ces vieux bourgeois, raffinés et courtois, d'un comportement aussi barbare? Nous en eûmes honte pour la civilisation européenne et, lorsque nous racontâmes à Moscou les scènes révoltantes dont nous avions été les témoins, des amis nous répondirent ironiquement que personne n'a jamais été obligé de voyager avec le Bolchoï !

Certes, il est bien connu que, à de rares exceptions près, les artistes soviétiques de renom vivent dans un monde parfaitement clos, et qu'ils ne sauraient représenter en aucune manière la masse des Soviétiques. Cependant, pour remplir complètement leur fonction d'ambassadeurs du régime, ils n'ont aucune difficulté à devenir membre du Parti, même si la politique est le cadet de leurs soucis, même s'ils nourrissent pour leur peuple le plus profond mépris.

L'absence de générosité, le dédain pour le moujik des temps modernes sont des constantes chez les plus favorisés.

La petite ville de Zagorsk à cinquante kilomètres de la capitale abrite un merveilleux monastère, haut lieu de l'orthodoxie russe et mondiale, centre de la principale faculté de théologie du pays. Les pèlerinages s'y succèdent en permanence et en hiver, sous la neige, lorsque le ciel est bas et que les coupoles d'or vous écrasent, rien ne sépare Zagorsk de la Russie de Tolstoï ou de Dostoïevsky. Même au cours de visites de simple curiosité, il est impossible de ne pas être pris d'une indicible émotion en entendant ces foules de vieilles femmes aux foulards bariolés reprendre en chœur les puissants cantiques russes. C'est en vivant ce genre de scènes que des athées peuvent comprendre comment une religion aussi intolérante, aussi despotique, a pu fasciner avec autant de violence tout un peuple, donner du génie à des esclaves pour construire les églises que l'on retrouve dans chaque village, et dont la beauté venue du fond des siècles ne peut laisser indifférent.

Nos amis éprouvaient une certaine gêne à nous accompagner en ces lieux et nous aimions nous y promener seuls de longues heures, observant les Soviétiques de la nouvelle génération qui ne se privaient pas d'insulter les jeunes popes et de déranger les offices par leurs cris et leurs rires bruyants. Aboutissement logique d'un enseignement sans nuance, exempt d'analyse historique ou sociologique dans les programmes officiels de lutte idéologique contre la religion.

Il n'est pourtant que de voir, un jour de fête religieuse, Zagorsk, Rostov-le-Grand, Novgorod, les villes de la ceinture d'or au cœur de la Russie historique, ou tout simplement ce qu'il reste d'églises à Moscou, pour se persuader de la ferveur des croyants vivant dans un État officiellement athée qui cependant prend à sa charge l'entretien des églises et les salaires des ecclésiastiques.

Nous rendant un dimanche à Zagorsk et empruntant le seul tronçon d'une dizaine de kilomètres d'autoroute à la périphérie de Moscou, nous avons assisté à une scène nous laissant entrevoir les raisons de la haine farouche que nourrissent certains Russes pour leurs nouveaux maîtres.

Alors que la circulation était parfaitement fluide, deux motards, clignotants rouges allumés, sirènes hurlantes, ouvraient la route à une tchaïka circulant à très vive allure. Bien que la route fût à deux voies, ils obligèrent sans aucune raison les voitures à se pousser vers l'accotement de terre mal stabilisé, tant et si bien qu'un semi-remorque surpris fit une embardée qui l'envoya se coucher sur le bas-côté. Je rattrapai la limousine qui en ce chaud dimanche d'été ne pouvait que répondre à une nécessité impérative pour envoyer des camions dans le fossé. Je vis en fait qu'elle était occupée par quatre jeunes gens, chemises blanches, manches retroussées, qui s'en allaient certainement rejoindre la piscine à la datcha de papa. Ils furent un moment surpris d'être suivis de si près et il aurait suffi de quelques sourires de notre part, qui roulions dans un véhicule étranger, pour être invités à la datcha où, entre gens bien, nous aurions parlé de Fantomas, Louis de Funès et autres balivernes occidentales. Mais nos cœurs étaient restés près du camionneur et, au premier carrefour, Nina me demanda de faire demi-tour et de retourner pour voir si nous pouvions lui être d'une quelconque aide — une aide qu'il refusa...

Parler franchement, ouvertement, de ces problèmes avec des communistes ne fut jamais chose facile. Un vétéran du Parti, ami intime de Meyerhold, bolchevik de la première heure, accepta de le faire lorsqu'il acquit l'absolue certitude que nous étions sincères et que nous n'étions pas chargés de fournir un rapport. Il n'avait plus rien à craindre mais, pour ses enfants et lui-même, souhaitait terminer son existence en paix. Collaborateur occasionnel à la revue *Sciences sociales,* l'une des meilleures publications soviétiques diffusées à l'étranger, je fis la connaissance d'un membre de l'académie des Sciences, grand savant doublé d'un humaniste. Son fils, âgé de dix-huit ans, éminent spécialiste d'Elvis Presley et des Rolling Stones, me mit KO au premier round en me posant toute une série de questions sur les rockers américains.

Le deuxième KO fut bien plus douloureux lorsque, daignant entrer dans une conversation sur le communisme, il m'affirma, avec la décontraction que lui conférait l'indiscutable honorabilité de son père, qu'il n'adhérerait jamais au Parti bien que cela lui soit facile. Il ne prendrait jamais le risque d'être méprisé par ses amis, et surtout espérait qu'en restant à l'extérieur, il pourrait garder sa liberté de penser, seul moyen pour parvenir à un changement. « Mais enfin, lui dis-je, il est bien plus efficace d'agir de l'intérieur du Parti que de l'extérieur. »

Il s'enferma dans sa chambre, mit un disque des Bee Gees dont il se délecta en contemplant sa belle collection de bouteilles vides qui avaient jadis contenu du Chivas, du Johnnie Walker et du Coca-Cola, sous l'œil amusé d'un poster des Beatles extrait du double album blanc « Apple » dans lequel ils interprètent *Back in USSR* et qui se négociait deux cents roubles au marché noir.

Le père ne s'indigna pas de ses propos, mais entreprit avec beaucoup d'honnêteté une discussion pour me donner les clés de ce type de réaction.

Ce politologue, qui connaissait bien la France et l'Espagne, appuya ses explications sur l'exemple du franquisme :

« Les dirigeants espagnols, pour se maintenir, ont été contraints de créer une classe moyenne de cols blancs dont le statut social consistait à pouvoir s'offrir une Seat 600. Ce pas franchi, elle devenait un allié objectif du pouvoir pour conserver ce " privilège ". Selon un schéma classique, le possesseur d'une voiture de série oublie toutes ses rancœurs et toutes ses critiques contre la société. Il a en quelque sorte réalisé le rêve de sa vie. Il en va de même chez nous. Mais il n'y a pas une classe structurée de possesseurs de voitures au sens strict du terme. Par contre, et sur le même schéma, notre pays a un corps constitué — une sorte de caste encore que ce mot soit impropre — formé par l'ensemble des membres du Parti. Ce sont les gardiens du temple, les fidèles piliers de la société qui ont prêté un serment d'allégeance quoi qu'il puisse arriver. Et, franchement, le monde moderne connaît-il une seule organisation sociale qui n'ait, d'une manière ou d'une autre, une classe vouée à la compromission?

« Alexis, poursuivit-il, est un fils à papa, un garçon qui ne sait pas ce que la guerre ou le stalinisme ont pu apporter comme privations à notre pays. Tout ce qui entre à la maison, du pain quotidien à la chaîne stéréo, est un dû irréversible, incontestable. Et il ne sait même pas regarder autour de lui pour apprécier sa situation de privilégié, il se contente de vivre en vase clos, fréquentant des jeunes comme lui. J'ambitionne de le faire entrer dans la carrière et, ce jour-là, il sera contraint d'adhérer au Parti. Ici, comme chez vous, jeunesse finit par passer.

« Une fois le cap franchi, je n'aurai plus la moindre

inquiétude pour son avenir. Un membre du Parti ne peut faire marche arrière, il ne contrôle plus les événements, ce sont eux qui font sa vie. Un citoyen qui démissionne ou qui est exclu est un homme mort sans aucune perspective et sans salut possible. C'est la raison pour laquelle le Parti réussit à si bien tenir l'ensemble de ses membres. Il leur inculque sa morale et peut même par exemple transformer un alcoolique invétéré en homme sobre, car il sait qu'en cas d'accident en état d'ivresse, il se verra automatiquement retirer sa carte, même s'il n'est pas fautif. Vous ne pouvez concevoir notre puissance et notre esprit de corps. En Occident, depuis la fin des sociétés secrètes, il n'y a aucune organisation qui puisse s'apparenter aux structures du PCUS. »

Le calme de cet homme était stupéfiant. Il refusait de me tendre la moindre perche pour que je puisse me raccrocher à un espoir, à une dimension politique supplémentaire. « J'ai confiance en vous, me dit-il, je souhaite, quoi qu'il arrive et quel que soit votre cheminement, que vous conserviez de moi l'image d'un homme d'appareil lucide qui ne vous a pas menti. Si vous tenez absolument à être conforté dans vos opinions, allez assister à une conférence de la Maison des étrangers. Pour ma part, je me réfugie dans la science. Même si je pense personnellement que *le Pavillon des cancéreux* de Soljénitsyne est un merveilleux roman, je réprouve sa démarche : il est un agent objectif du KGB pour la répression, tout comme vous serez traité de valet de l'impérialisme si vous évoquez le dixième de ce que vous vivez chez nous. Personne ne vous croira. Le monde a besoin de stabilité, les peuples veulent la paix et réclament le hochet de la consommation. Dans les pays capitalistes à une grande échelle, chez nous à la mesure de notre développement.

« Quel que soit le jugement que l'on porte sur lui, notre régime jouit d'un rapport de forces en sa faveur. Ce n'est pas de la propagande lorsqu'on annonce que 98 % des votants se sont déplacés pour élire un député. Voter pour les candidats officiels est une chose normale et fait partie du devoir civique. On peut passer son temps à se plaindre, mais aller tout de même aux urnes pour s'éviter des ennuis. L'abstention dans certaines petites villes ne relevant pas du courage mais de l'héroïsme. »

Ce fut la première et la dernière fois que j'entendis un communiste soviétique se livrer à moi avec autant de franchise. Mon interlocuteur comprenait parfaitement les raisons de mon attachement au Parti et considérait comme un facteur positif l'existence d'un parti communiste fort en France. Après m'avoir interrogé sur la vente militante de notre presse, « mon fils, devait-il me dire, est un fervent client de *l'Humanité-Dimanche*. Il se précipite au kiosque à chaque parution et découpe les publicités de voitures en quadrichromie pour les afficher dans sa chambre ».

Cet homme, qui a souvent accepté nos invitations à déjeuner, nous a appris à nuancer notre impression sur la dépolitisation des Soviétiques. Il classait ses concitoyens en trois catégories : ceux qui s'informent par les médias occidentaux, ceux qui le font par la presse soviétique et ceux — à son avis la majeure partie de la population — qui refusent toute information et se laissent passivement pénétrer par la propagande.

La dépolitisation m'avait surtout frappée à l'agence. Le responsable du Parti, un homme d'âge respectable, s'imposait par sa jovialité... Au lendemain de la mort de Georges Pompidou, il m'attendait à l'entrée du bureau pour me présenter ses condoléances. Et pendant plusieurs jours, ce fut un défilé de voisins et de collègues de travail venus nous exprimer leur sympathie attristée. Nous avions beau expliquer notre opposition à la politique du président défunt, ils n'imaginaient pas qu'au-delà du simple respect nous n'éprouvions aucun sentiment particulier. En fait leur motivation principale était le télégramme de condoléances lu dans la *Pravda* et adressé au gouvernement français et donc à celui de tous les Français. Il en fut de même pour tous les événements politiques : félicitations en chaîne pour l'élection de Valéry Giscard d'Estaing, et pour les élections législatives qui confirmaient la stabilité du pays.

A l'annonce de l'assassinat du président Allende, je me précipitai dans le bureau du secrétaire du Parti avec l'espoir d'y trouver un refuge apaisant. Il me fit un véritable cours de politique soviétique, affirmant que tout cela était inéluctable et prévu depuis longtemps, que le pluralisme est un leurre, que la révolution exige beaucoup de fermeté et une discipline de fer. Allende n'aurait jamais dû tolérer l'existence de la presse bourgeoise, il était déjà condamné en posant trop de conditions à l'aide de l'URSS. S'ensuivit un long discours sur l'aide soviétique désintéressée, l'exemple positif de Cuba qui coûtait un million de dollars par jour, les sacrifices consentis pour l'Afrique. Et malgré ce que d'aucuns affirment, le modèle soviétique est le seul à avoir réussi la révolution. Des positions que je connaissais parfaitement grâce à mon travail et aussi — faut-il l'ajouter — par la lecture quotidienne de *l'Humanité*.

Il était impossible d'aborder avec lui des problèmes tels que la Chine, l'Égypte, les dissidents ou les prises de position critiques de certains partis communistes à l'égard de la politique étrangère soviétique. Souvent le matin, à l'arrivée au bureau, sachant que j'essayais de me tenir informé sur les événements en France, il me lançait la petite phrase traditionnelle : « Alors, quelles nouvelles aujourd'hui? » Je lui expliquai par le menu la scandaleuse affaire des plombiers du *Canard enchaîné*. Il m'écouta très attentivement pour conclure : « Mais il est bien normal qu'un État se défende par tous les moyens possibles. »

Dans ces conditions, et malgré toute ma bonne volonté, je n'avais plus le moindre intérêt à me lancer dans des explications qu'il écoutait de façon condescendante, mettant l'enthousiasme de mes propos sur le compte de ma jeunesse.

Le surprenant en longue discussion avec le représentant du syndicat, je le questionnai sur la teneur de ses propos. Il me dit très clairement que le rôle du syndicat consiste à faire appliquer la politique du Parti et à gérer les œuvres sociales de l'entreprise. De fait, pendant deux ans, personne n'a fait état devant nous de sa qualité de syndicaliste sinon pour dire qu'il valait mieux s'acquitter régulièrement de sa cotisation et éviter d'avoir un fonctionnaire sur le dos qui vous harcèle pour connaître les raisons de votre refus d'adhérer.

Le syndicat veille à la bonne marche de l'entreprise, participe aux commissions de contrôle financier, verse une partie des cotisations à la crèche ou au jardin d'enfants déficitaires, organise des sorties touristiques; son rôle se ramène à celui d'un comité d'entreprise; il n'a pas la possibilité d'agir sur les salaires qui sont fixés par le Plan. Par contre, il est présent dans les commissions disciplinaires, sortes de tribunaux populaires où le « coupable » est jugé par ses pairs pour mauvaise conduite, état d'esprit qui laisse à désirer ou, plus régulièrement, pour alcoolisme pendant les heures de travail. Sauf cas extrême, le syndicat prend en la circonstance la défense des travailleurs mais ne s'oppose pas toujours à ce que la faute soit mentionnée sur le livret de travail.

Le syndicalisme soviétique est une gigantesque administration qui veille à la bonne application de la législation du travail et notamment s'oppose par tous les moyens aux licenciements, même en cas de faute ou manquement notoires. Auxiliaire du Parti et de l'État, il s'efforce d'inculquer aux uns et aux autres l'exigence d'un travail de qualité et cela dans l'intérêt de l'ensemble de la population.

Je fis la connaissance par un concours de circonstances heureux du directeur d'une confiserie située dans une ville de province. A la tête d'une entreprise moyenne de trois cents personnes, disposant d'une voiture et d'un appartement de fonction, cet homme jeune vouait une extraordinaire passion à son travail. Il s'était fixé l'objectif d'obtenir le label de qualité pour son usine. Les biens de consommation qui portent ce label permettent à ceux qui les ont produits d'obtenir de substantielles augmentations de salaires et surtout d'importants crédits d'investissements pour leur entreprise. Son expérience, qu'il me raconta dans le moindre détail, était un véritable scénario de film sur la construction du socialisme. Utilisant les structures associatives existantes : comité du Parti, responsables syndicaux, il avait par une série de réunions préparé son personnel au saut qualitatif. Tout avait parfaitement été mis au point pour que la production à livrer pour les fêtes du Nouvel An soit d'une qualité irréprochable et permette à l'usine de réussir son examen de passage. « Rien n'avait été laissé au hasard, j'avais personnellement discuté avec chacun des ouvriers et tout le monde était gonflé à bloc. Nous avions demandé les matières premières en temps utile et nos carnets de commande étaient pleins. Je me voyais déjà interviewé à la télévision expliquant comment la législation, l'absence d'exploitation de l'homme par l'homme, la réalisation de l'individu par le travail, pouvaient permettre même à une petite usine de province de faire des miracles. Avec mes chefs de service, j'imaginais la clientèle exigente de Moscou se précipiter chez Eliseev* pour réclamer nos chocolats fourrés. Bref, ce serait la gloire qui nous permettrait de nous étendre et tous les bons ouvriers de notre petite ville n'auraient qu'un souhait : venir travailler chez nous. La fébrilité était à son paroxysme lorsqu'un coup de téléphone du ministère m'avisa que notre commande de chocolat en poudre était impossible à honorer. Du coup, une année de travail fut réduite à néant, je perdis la confiance de mon

* Eliseev : célèbre magasin d'alimentation de Moscou réputé pour la qualité de ses produits. Au moment de la Révolution, le propriétaire en fit don à l'État soviétique. Aujourd'hui, bien que rebaptisé Gastronom nº 1, les gens continuent à l'appeler de son nom d'origine.

personnel, et le syndicat me demanda de m'expliquer en assemblée générale sur mon inconséquence. A présent encore, alors que le petit travail routinier et médiocre a repris ses droits, j'évite de traverser les ateliers pour ne pas m'entendre traiter de camarade-label-de-qualité. »

Aujourd'hui, notre directeur d'usine a fini de bien aménager sa datcha; le vendredi soir à cinq heures, il charge son coffre et s'enfuit dans la forêt avec sa femme et ses deux fillettes. Le chocolat en poudre est le cadet de ses soucis. Il veille avec attention à ce qu'il ne manque pas une virgule aux bilans financiers, ferme les yeux lorsque le responsable du Parti ou du syndicat utilisent un camion de l'usine pour leurs besoins personnels ou lorsqu'ils emportent — eux comme les autres ouvriers — quelques kilos de sucre. En contrepartie, tous les rapports lui sont favorables et, sur la grande carte du Plan, une tête d'épingle signale la présence de son usine quelque part dans la gigantesque province. Une usine parmi des milliers. Une usine comme les autres.

Tous ces rapports mensuels, régulièrement collectés et analysés, permettent d'établir des statistiques. conforter les dirigeants et préparer sur de fausses bases les Plans quinquennaux à venir. Si d'aventure, un contrôle inopiné d'experts surprenait un bilan en flagrant délit de mensonges, seule la tête du directeur sauterait avec la bénédiction du comité du Parti et du syndicat.

La volonté de ne pas avoir d'ennui, de ne pas faire de vagues, incite chaque responsable à masquer les difficultés, à truquer les courbes de production. Dans ces conditions, personne ne peut réellement connaître la situation économique du pays et l'on pourra entendre à la télévision que tel produit est excédentaire alors que l'homme de la rue n'en a jamais vu la trace. Si dans notre petite usine de province les échos du mécontentement n'ont pas franchi les limites de la ville, les choses se seraient passées différemment à Moscou ou Leningrad. Dans la capitale, il arrive au secrétaire général du

Parti de tenir en personne un meeting devant les ouvriers pour enrayer un début de crise dont les conséquences sont toujours redoutées, surtout au sortir d'un long hiver de pénurie.

Ainsi s'opère une profonde cassure entre le pays réel et la supercaste des dirigeants. Pour ces derniers, la préoccupation première est de préserver leur image de marque. Ils n'ont besoin ni de sondages ni de tests pour savoir qu'il suffit d'un approvisionnement acceptable pour maintenir la paix sociale. Ils savent aussi que le peuple soviétique est toujours prêt aux sacrifices si ses dirigeants le lui demandent. Et si la situation devient trop sérieuse, alors, un événement extérieur grave, un complot, une tension dans le monde peuvent servir de justification. Bien souvent la crédibilité des dirigeants n'est que façade. Chacun connaît trop bien la façon dont fonctionne son propre microcosme pour imaginer que les choses puissent aller mieux à un niveau supérieur.

Le mépris pour les dignitaires : je fus un jour témoin d'une scène édifiante. Sur la très passante avenue Gorki, la voie centrale est réservée, comme sur la plupart des grandes artères, aux voitures officielles qui sillonnent la ville à très grande vitesse. Au niveau de la place Pouchkine, en plein centre de la capitale, deux Tchaïka circulaient en sens inverse dans la voie réservée. Erreur de manœuvre ou mauvaise interprétation de communication par talkie-walkie entre miliciens, les lourdes limousines se heurtèrent de plein fouet. En quelques minutes, je vis se former un gigantesque attroupement de badauds aux mines réjouies, ravis de se délecter d'un spectacle aussi rare, et certains que leurs ricanements ne prêteraient pas à conséquence. Je crois bien que si les véhicules avaient pris feu sur place personne n'aurait levé le petit doigt pour porter secours aux occupants. Une arrivée massive de miliciens dispersa promptement la foule sans que personne ait pu voir le visage des sinistrés.

Hormis Brejnev et Kossyguine qui jouissent d'une certaine popularité, les Soviétiques ne connaissent pas leurs dirigeants, ils se sentent plus gouvernés par une puissance impalpable que par des hommes.

Au moment des grands événements historiques, lorsque les avenues et les quartiers se peuplent de gigantesques panneaux recouverts des portraits des membres du Bureau politique, il m'est arrivé à de nombreuses reprises de questionner les passants sur l'identité du quatrième ou du septième personnage. Outre ceux qui passaient leur chemin, ignorant ce provocateur, les rares qui daignaient s'arrêter avouaient en se grattant la tête leur ignorance. Des hommes que l'on voyait presque quotidiennement à la télévision ou dans la *Pravda*! Le décalage entre le discours officiel et la réalité impose en permanence une double perception des problèmes et façonne les esprits à une étonnante aptitude à la duplicité. Autant l'on affichera de respect envers ses dirigeants, autant l'on avouera dans des discussions feutrées, après avoir pris soin de hausser le volume de la radio pour qu'aucun voisin ne puisse entendre, que les vieillards repus qui détiennent le pouvoir sont incapables de comprendre les problèmes du pays ou de la jeunesse, qu'ils baignent tellement dans l'opulence, qu'ils en ont perdu depuis longtemps les notions mêmes de privation ou de déficit.

Au jour anniversaire de la victoire sur le nazisme, nous avions invité chez nous un couple de retraités dont le mari avait été officier pendant la dernière guerre mondiale. Lui, nous l'avions rencontré dans les jardins qui font face au théâtre du Bolchoï. En cette journée commémorative, l'endroit s'était peuplé comme chaque fois d'anciens combattants bardés de médailles, venus là raconter leurs exploits guerriers aux jeunes générations. Spectacle touchant qui ne manquait pas d'intérêt. Nous engageâmes la conversation avec l'un d'eux sans cacher nos origines. Il avait suffi que nous soyons Français pour qu'il nous prenne dans ses bras, nous embrasse et crie à la cantonade dans notre langue : « Vive Jean-Jacques Duclos (*sic*), vive Maurice Thorez, vive l'escadrille Normandie-Niémen, vive le général de Gaulle. »

Nous prîmes rendez-vous pour la soirée. Il vint, avec son épouse, nous rendre visite dans son costume d'apparat, chemise empesée, casquette impeccable, poitrine bardée de décorations. Ils nous avaient apporté de la vodka, un pot de caviar, une boîte de crabe et une bouteille de kingsmaraoul, ce vin rouge géorgien dont on dit qu'il fut préféré de Staline. De tels cadeaux, introuvables dans le commerce, furent bien accueillis par les Soviétiques que nous étions devenus. Possesseurs d'une voiture, nos hôtes étaient venus pourtant en taxi, bien décidés à laisser tous les fonds de bouteilles secs. D'innombrables toasts mêlèrent pêle-mêle le charme de la France, le courage des Russes, la beauté de nos femmes, l'avenir de nos enfants et l'indéfectible amitié franco-soviétique. Nous nous efforçâmes d'assouvir leur curiosité sur la vie en France où, pour eux, « même un artiste aussi décadent que Picasso était communiste ». Pour leur part, ils nous racontèrent la guerre, leur vie, le passage du deux-pièces communautaires à l'appartement spacieux. La conduite d'un membre du Parti n'était pas toujours une sinécure. Son devoir exigeait de lui d'être toujours le meilleur et de donner l'exemple par sa droiture, sa probité, son altruisme. Raïssa, la compagne, déjà sous l'emprise de l'alcool, interrompit la tirade de son époux en ajoutant : « Heureusement qu'il y a aussi le païok *, sans quoi nous n'aurions pas pu faire de tels cadeaux à nos amis ! »

Aussitôt, nous essayâmes de les interroger sur de tels privilèges et les magasins spéciaux du Parti, mais déjà il composait le numéro d'appel de la station de taxi, coupant court subitement à cette si chaleureuse soirée. Pourtant, ils n'avaient pas commis un crime inexpiable en nous faisant des « révélations » qui nous furent confirmées à de nombreuses

* Païok : littéralement ration. Paquet de denrées rares que reçoivent régulièrement certains membres du Parti.

reprises; d'ailleurs, ne nous avaient-ils pas fait toucher du doigt l'ampleur des souffrances et l'héroïsme du peuple soviétique dans sa lutte contre le fascisme!

Comment aurait donc réagi cet homme s'il avait été témoin de la plus pénible soirée de nos sept cents jours moscovites? Nous revenions d'un court séjour en France les bras chargés de cadeaux commandés par nos amis. Ils avaient organisé une fête chez un jeune couple qui, ayant travaillé à l'étranger, avait pu s'offrir un vaste trois-pièces en copropriété, agréablement meublé de teck, doté d'une bonne chaîne stéréo, sur laquelle prirent immédiatement place les disques de variété apportés de Paris. Au nombre des invités, se trouvait un couple que nous n'avions encore jamais vu, fort désireux de connaître des étrangers. Pendant que les hommes se versaient des Martini-gin en feuilletant *Lui, Play-Boy* et *Paris-Match,* les femmes s'étaient plongées dans un catalogue tout neuf de ventes par correspondance, un des plus précieux cadeaux qui se puissent offrir pour certaines catégories de Soviétiques. Page par page, tout était scruté dans le détail et l'on avait du mal à admettre qu'un courrier ou un simple coup de téléphone puisse suffire pour acquérir tous les objets décrits.

Nous tentions d'expliquer que tout de même il fallait payer les articles convoités et que les Français ne consacraient pas toutes leurs soirées à passer commande. Mais ces nantis, dont la seule obsession était de trouver des produits de qualité, ne pouvaient être réceptifs à notre raisonnement. L'hôte inconnu était un dirigeant des Komsomols, haut placé dans l'appareil et rompu au dialogue avec les étrangers, habitué qu'il était à recevoir des délégations. Il nous parla longuement de dirigeants français des Jeunesses communistes qu'il avait connus, de leur manière de toujours poser des questions, de vouloir faire des entorses au programme des visites. Il ambitionnait de faire assez rapidement le voyage à Paris pour s'assurer de ses propres yeux que les magasins ne sont pas aussi pleins qu'on le prétend. Nous essayâmes d'orienter la discussion vers des sujets plus intéressants, mais sa visible obsession de la consommation nous ramenait à tout instant vers la description des supermarchés, les processus d'achat de voitures, le nombre de stations-service, etc. Nous nous efforcions d'expliquer avec ténacité que les loyers élevés, le niveau du chômage, la baisse du pouvoir d'achat, les problèmes des immigrés tenaient une place importante dans les préoccupations quotidiennes des Français. Mais il feuilletait fébrilement les revues, fasciné par les photos de nus, déchiré entre son discours officiel sur la décadence des mœurs occidentales et le privilège d'avoir entre les mains ces objets pornographiques auxquels les douaniers font la chasse.

Brusquement, il se mit à nous questionner sur les effectifs et la composition des Jeunesses communistes françaises. Mais revenaient toujours sur le tapis des interrogations sur le prix des chaussures ou des jeans et leur inévitable conversion en roubles. Il était abasourdi. Nous insistions : on ne peut isoler du contexte le prix d'une chemise, il faut aussi tenir compte du montant des loyers, des transports, des impôts, des diverses taxes, vignettes, assurances.

Et puis, la France est un pays colonialiste qui avait pompé les richesses des nations africaines au moment où l'URSS était saignée à blanc par le fascisme.

Drame de l'ébriété ou désarroi sincère? Toujours est-il que ce garçon d'à peine trente ans, ingénieur, fils d'ouvrier du bâtiment, formé dans les écoles soviétiques, lauréat de l'université Lomonossov, possédant un appartement et une voiture, père d'une adorable fillette et promis à une brillante carrière dans l'appareil dirigeant de son pays, laissa tomber une phrase dont l'accent de sincérité restera pour nous le plus grand des traumatismes : « Je suis sûr que si Hitler avait gagné la guerre et que si les Allemands dirigeaient notre pays, nous serions aujourd'hui plus libres et plus heureux. »

Comment savoir?

Comment savoir la vérité?

La psychose d'un fou à la hache errant dans les jardins publics, qui donnait lieu à toutes sortes de rumeurs fantaisistes, me servit de prétexte pour orienter la discussion sur ce sujet lors d'un midi idéologique de la rue du Prolétaire rouge. Il y avait là des journalistes et des auteurs de l'agence dont la pratique quotidienne consistait plus à exécuter les thèmes commandés qu'à rechercher véritablement l'information.

« La vérité, c'est ce que dit le Parti », lança l'un d'eux. Je relevai la boutade qui s'avéra n'en être pas une. « Je le pense sincèrement, poursuivit-il, car sans cela il m'est impossible de continuer à travailler dans cette voie. Après tout, le Parti a une approche scientifique des événements et il ne suffit pas d'en ricaner pour se trouver une meilleure ligne de conduite. »

S'ensuivit une longue démonstration tendant à prouver que l'information n'existe pas, que seule la propagande visant un but défini a de la valeur. D'ailleurs, dans les pays occidentaux, l'information n'était-elle pas au service de l'idéologie dominante et les ministres ou le président de la République n'intervenaient-ils pas régulièrement dans ce domaine? Dès lors, la seule différence consistait dans le niveau socio-culturel du peuple auquel on s'adresse. « Nos paysans sont arriérés, certains n'ont pas encore compris le fond politique de la collectivisation et, pourtant, ils doivent recevoir la même information que la population urbaine. Ce n'est donc pas un problème facile à résoudre. » Cherchant visiblement à justifier la tâche assurant son gagne-pain, mon interlocuteur estimait indispensable de niveler la propagande par le bas pour ne laisser personne sur la touche.

« Ce n'est pas difficile, ajouta-t-il, tu mets un paysan ou un ouvrier devant deux tableaux : un de Picasso, un autre de Lévitan. Ils choisiront le second sans hésiter parce qu'un beau coucher de soleil, un paysage réaliste auront plus de résonance dans leur cœur qu'un tableau abstrait. Il faut comprendre que nous vivons sous un régime fondé sur la dictature du prolétariat et c'est donc au peuple de choisir et d'imposer ses goûts. » Il n'avait pas trente ans, ce petit-fils de Jdanov, et commençait à être las de « ces discussions casse-tête où l'on ne débouche sur rien de concret, rien de positif, où l'on s'enferme dans des arguties d'intellectuels ». La propagande avait si bien fait son œuvre pour se tailler des serviteurs sur mesure que personne n'essaya de le contrer sérieusement, pourtant il était loin d'être majoritaire, même parmi ses collègues disposant d'un statut social honorable.

Où peut donc mener ce type de raisonnement lorsqu'il est le fidèle reflet de la politique d'un parti qui dirige sans partage un gigantesque pays dont les populations n'ont rien de commun entre elles?

Au niveau officiel, l'Union soviétique n'a pas encore cessé de vivre dans l'obsession de la dernière guerre. Il ne se passe pas une semaine sans que la télévision ou un film viennent glorifier l'héroïsme du peuple russe dans sa lutte contre le fascisme. Dans la plupart des jeunes foyers, on regarde ces programmes en coupant le son, l'action parlant toute seule comme dans un western.

La guerre, c'est le grand ciment idéologique, l'événement qu'il ne faudra jamais oublier, qui doit aujourd'hui encore être le thème prioritaire de recherches de tous les créateurs dignes de ce nom. Et cette guerre est administrée à de telles doses qu'elle est devenue un véritable repoussoir pour les jeunes qui n'en ont pas été les témoins. Mais ils n'ont pas le choix. Tous les journaux, toutes les stations de radio, toutes les chaînes de télévision sont strictement contrôlés par le Parti. Ils affichent en manchette le célèbre mot d'ordre de Marx et Engels : « Prolétaires de tous les pays, unissez-vous. »

Ces prolétaires sont avant tout ceux de l'Union soviétique car, dans la presse de grande diffusion, l'immense majorité des informations concerne uniquement la politique intérieure. Lorsqu'il arrive que la télévision diffuse un reportage sur un pays occidental, il est toujours curieux de voir que, si l'image ne montre pas le journaliste planté devant une photo de la ville ou du pays en question, c'est pour parcourir le paysage urbain à la hauteur du premier étage des immeubles, jamais ou quasiment au ras du sol, au niveau des automobiles, des piétons, des magasins, bref de la vraie vie de ce pays.

La rubrique étrangère ne trouve une certaine consistance qu'en cas de crise grave, sinon elle n'est jamais à la une de la *Pravda* dont l'éditorial quotidien comporte au moins deux citations de Brejnev et autant de Lénine. En période de congrès, les journaux reproduisent *in extenso* le rapport du Comité central, par ailleurs diffusé en direct et sur les trois chaînes à la fois dans l'ensemble des pays socialistes. Un seul moyen pour y échapper : s'enfermer dans sa datcha et couper l'électricité. Chaque appartement est en effet équipé d'une prise spéciale sur laquelle il suffit de brancher un haut-parleur pour entendre la radio. D'aucuns prétendent qu'en période de congrès, il est indispensable, pour repasser, d'utiliser les vieux fers à charbon sous peine d'entendre la voix de Brejnev sortir d'un col de chemise!

A l'occasion de ces événements importants pour la vie du Parti, les murs des villes se couvrent de gigantesques panneaux, parfois de la hauteur d'immeubles entiers, représentant le secrétaire général à la tribune. Pour un œil n'ayant pas connu ce qu'a pu être le culte de la personnalité, il est difficile d'imaginer plus d'ampleur publicitaire à un événement politique.

Et du plus loin qu'il se souvienne, le Soviétique de la rue, pour qui le rapport Khrouchtchev est une vieille histoire oubliée, ne voit pas la moindre différence avec le passé et vit, malgré les soubresauts passagers, dans une atmosphère invariable.

En dehors des périodes d'intense activité idéologique — congrès, remises solennelles des cartes aux membres du Parti —, l'information quotidienne privilégie en priorité les communiqués du Bureau politique et les comptes rendus des réunions du Comité central. Le reste du temps, les colonnes et les ondes sont le domaine des ouvriers et des kolkhoziens qui expriment avec emphase leur foi dans le socialisme et leur confiance aux dirigeants du Parti. Immanquablement, leur discours commence par « notre kolkhoze a produit... » ou « le collectif de notre usine a décidé... ».

Ce furent d'ailleurs les deux premières phrases que je sus correctement prononcer en russe tout comme le sempiternel « attention à la fermeture des portes » annoncé dans chaque station du métro.

De son côté, la *Pravda* orne chaque jour sa une de la photo rassurante et pleine d'enthousiasme d'une équipe d'ouvriers du bâtiment, d'une kolkhozienne à l'œuvre, d'un mineur héroïque, d'enfants rendant hommage à Lénine : l'image de la société soviétique de rêve bâtissant dans l'euphorie un monde nouveau, au service de l'homme, comme le suggèrent les légendes. Image-symbole : tout doit être constructif, euphorisant. Les seuls éléments critiques sont les lettres de lecteurs qui expliquent en détail la carence de la distribution, les abus, les vols, les concussions. Autant de tares imputables à la bureaucratie et auxquelles le comité local du Parti mettra bon ordre. Et comme il y a un suivi dans l'information, l'organe central du Parti communiste de l'Union soviétique donnera, quelques mois plus tard, les résultats de l'action entreprise en démasquant un coupable ou une série de coupables sans jamais dénoncer les véritables causes ou analyser le phénomène social qu'elles dissimulent.

Et puis, il y a le *Krokodil,* ce journal satirique parfois auréolé en Occident de vertus corrosives. Il pourfend tout le monde... sauf les dirigeants du pays; et le vieux Juif voûté au nez crochu, symbole de l'impérialisme américain, n'est pas sans rappeler de bien sinistres souvenirs.

A l'exception de *Moscou-Soir,* qui diffuse parfois des communiqués de police pour demander l'aide de la population dans une affaire criminelle ou la mettre en garde contre les agissements de bandes organisées d'escrocs auprès des vieillards, le fait divers est complètement absent des colonnes des journaux. Cela ne l'empêche pas d'être le centre de bon nombre de discussions. Des grands-mères du banc aux chauffeurs de taxi, en passant par les amis de passage, on se raconte de bouche à oreille la nouvelle entendue. Chacun ajoute des détails croustillants, augmente le nombre de victimes et bien souvent transforme un événement bénin en catastrophe.

C'est ainsi que, de temps en temps, de véritables psychoses s'emparent des grandes cités. Les jeunes filles sont exhortées à ne pas s'aventurer seules dans le métro, on demande aux parents de surveiller les enfants de très près. Un été, on nous annonça qu'un rat tombé dans la cuve de lait d'une colonie de vacances de Klin avait provoqué la mort de vingt enfants. Certains avançaient le chiffre de quarante. En Géorgie, soit à plus de deux mille kilomètres de Moscou, on nous demanda si nous avions des détails sur la catastrophe de Klin qui avait fait trois cents victimes et provoqué le suicide de la directrice.

Un avocat nous raconta qu'un hold-up perpétré contre le Goum * avait rapporté dix millions de roubles à ses auteurs.

* Goum : Grand magasin général d'État dont les vitrines donnent sur la place Rouge.

On nous confirma l'information en changeant la somme et en ajoutant que les bandits étaient dirigés par une jeune Géorgienne aux longs cheveux noirs, introuvable malgré les recherches. Selon certains, il s'agissait d'un homme déguisé; selon d'autres, la perruque avait été retrouvée dans la Moskova. Bref, la gazette orale ne manque pas d'aliments et laisse à la fantaisie de chacun le soin de se tailler la meilleure version.

En hiver, la psychose des accidents d'avion prend le relais. Pour peu qu'un exemplaire de *l'Humanité,* circulant au bureau, annonce une catastrophe aérienne, les esprits transforment l'événement en une tragique loi des séries et, la semaine qui suit, chacun relate un accident rapporté par un ami ou un parent. Mais, bien plus grave, il nous est arrivé d'entendre la rumeur colporter le récit d'une grève de dockers à Vladivostok. Ceux-ci avaient refusé de charger un cargo de vivres pour le Vietnam parce que de tout l'hiver la population de la ville n'avait rien trouvé dans les magasins. Pour les mêmes raisons, des ouvriers de Gorki s'étaient soulevés et l'armée avait dû intervenir.

Affabulations? Intoxication des services secrets occidentaux? Certains affirmaient qu'il n'y a jamais de fumée sans feu, d'autres au contraire que plus le mensonge est gros...

A part les témoins directs et les acteurs de tels drames, que personne n'ira jamais interviewer en dehors de la police, la population continuera à s'inventer des histoires ou à écouter avidement les récits des voyageurs.

Le soir, près des panneaux réservés à la milice et sur lesquels sont affichés des avis de recherche, des groupes de vieilles femmes commentent longuement les crimes annoncés avec des hochements de tête qui semblent signifier : « Comment cela est-il possible chez nous? » Et elles ajoutent à voix haute : « Dieu nous a abandonnés. »

L'absence de toute interrogation dans l'information officielle inoculée à haute dose provoque chez certains une sorte de rage permanente qui peut conduire à des aberrations difficilement compréhensibles pour nos esprits. Il en est ainsi de certaines déclarations fracassantes d'opposants prenant fait et cause pour un Pinochet ou pour le premier dictateur fasciste venu dont les propos sont méprisés par la totalité des hommes de progrès. Ces réactions sont purement mécaniques : privés de toute analyse politique, de la possibilité légale d'avoir des compléments d'information, ils se contentent d'exprimer le contraire de ce qu'ils entendent sur les ondes officielles.

Ce type de réaction est tellement marginal qu'il ne mériterait pas que l'on s'y arrête si les individus concernés n'étaient pas de purs produits de l'Union soviétique, n'ayant rien connu de l'ancien régime et entièrement éduqués sous un socialisme peu soucieux d'inculquer aux esprits le doute et la nuance. Il y a ainsi toute une catégorie d'hommes « contre », vivant dans leurs fantasmes, refusant systématiquement ce qui provient du Parti. Ces individus n'existent pas dans la théorie de la construction du communisme.

Nous avons intimement connu à Leningrad un peintre de grand talent qui, pour gagner sa vie, faisait des dessins d'architecture industrielle. Le soir, il s'enfermait dans sa salle à manger pour peindre des toiles réservées à ses amis et à un marché parallèle d'initiés. Un de ses grands problèmes consistait à se procurer des couleurs de qualité. En effet, impossible d'acheter des tubes de professionnels si l'on n'est pas membre de la très officielle Union des peintres. Pour accéder à la confrérie, outre la volonté et parfois le talent, il faut payer son tribut de portraits de Lénine et de dirigeants contemporains. Il faut aussi s'essayer aux sommets du réalisme et de l'exaltation de la classe ouvrière en représentant un sidérurgiste devant son four Martin rougeoyant, scrutant de son regard altier le métal en fusion qui obéit à la volonté de sa main. Ce peintre, totalement a-soviétique, faisant de la recherche dans le fantastique, refusait l'étiquette de dissident. « Ce terme, nous disait-il, est fabriqué par le KGB pour entacher d'une notion péjorative le concept d'opposant. Officiellement, il n'y a pas d'opposants en URSS. Il y a seulement des voyous, des fous et des individus qui s'adonnent à des activités antisoviétiques. Que diriez-vous si la presse française qualifiait Georges Marchais de dissident par rapport à Georges Pompidou? Il est vrai que chez vous l'opposition est radicale et se prononce pour un changement complet de société. Ici, personne à ma connaissance ne veut renverser le socialisme, on souhaite simplement abolir l'exploitation de l'homme par l'État, revenir aux sources, revivre l'enthousiasme créatif qui fut celui des années vingt, lorsque nos aînés avaient des possibilités d'une dimension extraordinaire pour pallier la famine et la misère économique. Le suicide de Maïakovski continue à être notre réalité, notre pain quotidien. Si un homme de cette stature avait compris que la seule voie était la disparition physique, que pouvons-nous, nous, pauvres sujets sans envergure, ballottés entre la résignation sécurisante à l'ordre et la rage destructrice fatalement vouée à l'échec? »

A entendre ces propos maintes fois répétés, il nous semblait inimaginable qu'une telle détermination de lutte ne débouche pas sur un mouvement d'opposition structurée, qui dans l'Histoire a été capable de faire entendre sa voix, même sous les régimes fascistes les plus féroces.

« En dehors des schémas officiels, il ne peut rien y avoir de structuré chez nous, nous expliqua-t-il. Le plus petit embryon d'organisation commence fatalement par la rencontre régulière ne serait-ce que d'une poignée d'individus. Or, les restaurants, les cafés, les clubs sont des lieux peu sûrs. Si, dans un immeuble, on constate un mouvement inhabituel de personnes, tôt ou tard, un voisin zélé le signalera. Mais quand bien même nous réussirions à nous réunir alternativement chez les uns et chez les autres, il nous faudrait un minimum de moyens de communication. Le simple achat d'une machine à écrire à usage professionnel donne lieu à toutes sortes de contrôles. Il n'existe dans le commerce ni duplicateurs ni photocopieurs. Comme vous avez pu le constater dans votre immeuble, il n'y a pas de boîtes à lettres ouvertes dans lesquelles on puisse glisser ne serait-ce qu'une feuille de papier. Les facteurs disposent d'une clé spéciale qui ouvre le panneau de l'ensemble des boîtes dans lesquelles ils glissent le courrier par l'arrière.

« Peut-être certains font-ils des tentatives de ce type mais elles restent très isolées et personne n'en parle par peur de représailles. Il en va de même pour les *samizdat*. Il est fou de penser que ce genre de littérature puisse circuler sous le manteau à grande échelle. Seul un cercle d'initiés généralement très proches de l'auteur peut l'avoir sous les yeux; et pour parvenir à le ronéotyper, de solides complicités sont nécessaires, souvent dans les milieux étrangers. »

Que pouvait donc laisser augurer un discours aussi pessimiste?

« Difficile à dire mais lorsque, jour après jour, nous apprenons le départ de tel écrivain, tel peintre, tel musicien, tel poète, nous nous prenons à penser que, dans quelques années, la plupart des grands créateurs auront disparu de notre pays, laissant la place à des médiocres qui piaffent d'impatience derrière leurs portes. Nous vivons une terrible crise qui consacre des supervedettes parfaitement serviles dont la notoriété est loin d'être proportionnelle au talent. Cela n'empêchera pas nos idéologues de disposer de moyens pour que l'image de marque de l'Union soviétique ne soit pas altérée à l'extérieur; nos corps de ballets et nos cirques aux qualités indiscutables ont de belles années devant eux pour poursuivre efficacement leurs tâches d'ambassadeurs. Il est vrai que *le Lac des cygnes* ou le dressage des ours n'ont jamais été un spectacle très subversif. »

Je l'interrogeai encore : « Même si vous rejetez l'appellation de dissident, le mouvement existe dans l'esprit des étrangers. Il apparaît souvent, s'exprime, prend position.

— Les dissidents sont certainement plus connus à l'extérieur que chez nous. Sans parler de subversion, comment peut-on exprimer la moindre idée originale lorsqu'aucun journal, aucune onde ne vous donneront jamais la parole même si la sincérité de votre marxisme ne peut être mise en doute. Et puis, il y a la suspicion. Nombre de nos petites gens ont la conviction que les dissidents sont manipulés par la police. Après tout, ce ne sont que des intellectuels et des artistes et vous savez combien ces deux termes sont péjoratifs dans la bouche du peuple. De plus, ils fréquentent les étrangers, disposent de devises, vivent grassement en calomniant le régime soviétique et sont protégés par des mécènes intouchables. Comment voulez-vous que des gens dont la préoccupation permanente est de gagner la pitance et la vodka quotidiennes puissent imaginer une action politique désintéressée en dehors des efforts qui leur sont demandés pour venir en aide à des pays frères en lutte? Je connais beaucoup d'opposants : ce sont des hommes perdus, sans travail, vivant d'expédients, de petits travaux, dont le seul salut est de partir s'ils ont la chance d'obtenir un visa, mais cela ne les sauvera pas forcément. Loin de la terre russe, de son peuple, de son climat, il faut recommencer à zéro et rares sont ceux qui en ont le courage. »

Nous avons effectivement constaté pendant tout notre séjour que la dissidence intérieure était le domaine réservé de la police, un sujet tabou pour la presse, sauf en cas d'expulsion ou lorsqu'un décret annonce qu'un citoyen est déchu de la nationalité soviétique. A ces occasions, et selon la notoriété du personnage, la nouvelle peut prendre des proportions énormes.

Nous étions à Moscou lors de l'affaire Soljénitsyne, et nous avons connu à cette époque les moments les plus pénibles de notre séjour. La lutte idéologique, fer de lance de tout parti révolutionnaire, y prit les allures d'une caricature grossière. Pendant des semaines, tout ce que l'Union soviétique compte de journaux, de stations de radio et de télévision, s'est mobilisé pour faire la preuve de la malfaisance d'un homme. Ses anciens collègues de l'Union des écrivains, des artistes connus, des académiciens, des scientifiques, des dirigeants du Parti, mais aussi de simples citoyens, venaient témoigner, calomnier, à longueur de colonnes et d'émissions, l'homme qui allait, à lui tout seul, abattre le régime. Des pétitions couvertes de noms prestigieux désapprouvaient l'auteur du *Pavillon des cancéreux*. Impossible de ne pas signer pour ceux qui étaient sollicités. Des enquêtes fouillaient son passé pour extirper toutes les monstruosités qu'il avait pu commettre. Des témoins de son enfance, de son passage dans les camps, se découvraient. L'agence de presse Novosti retrouva même sa première femme et lui tint la plume pour la rédaction de ses mémoires. Dans les usines, des sommités du monde littéraire firent des conférences autour de quelques phrases tronquées de l'œuvre. La mobilisation était totale. Les rares journaux occidentaux de Moscou avaient disparu. *L'Humanité* ne parvenait qu'irrégulièrement.

Cette énorme campagne devait provoquer chez les Moscovites une curiosité que nous n'avons connue en aucune autre circonstance. Les étrangers étaient harcelés dans la rue : « Mais qu'est-ce que cet homme a pu écrire de si monstrueux? », « L'avez-vous lu? », « Est-ce que ça vous plaît? », « Est-ce qu'il déteste le peuple russe? »

Une journée d'Ivan Denissovitch et *la Maison de Matriona*, seules œuvres de l'auteur éditées à l'époque de Khrouchtchev, avaient disparu depuis longtemps des bibliothèques et les rares possesseurs de ces ouvrages les conservaient jalousement.

Même les chauffeurs de taxi abordaient la question. Cela allait du « Si au moins on pouvait le lire, on saurait pourquoi il est condamné », au « Avec Staline et sa main de fer, il aurait depuis longtemps perdu le goût des patates ».

Le prolétaire rouge de la première génération, qui entendait ces interpellations, aurait-il permis une telle publication? Pendant toute cette période, nos repas de midi furent empoisonnés. Certains de nos camarades prenaient fait et cause pour la liberté de création, les autres s'efforçaient de trouver des excuses à l'Union des écrivains. L'argument de la pénurie de papier était même avancé pour justifier ce degré zéro dans la lutte idéologique.

Si le personnel de l'ambassade américaine prenait à cette époque un malin plaisir à offrir au compte-gouttes les ouvrages de l'écrivain honni à des amis triés sur le volet, les Britanniques aux solides et anciennes traditions antisoviétiques se taillèrent la part du lion. Les émissions de la BBC étaient écoutées avec passion, certains n'hésitaient pas à en faire référence dans les discussions. Les romans-feuilletons parlés étaient enregistrés au magnétophone et faisaient l'objet d'écoutes collectives dans le secret des appartements.

Ce déchaînement de passion nous permit de mesurer l'audience des radios étrangères, leur impact et leur crédibilité dans la population. Qu'il l'avoue ou non, tout citoyen désireux de s'informer sera tenté de rechercher une station occidentale en ayant pris soin auparavant d'allumer son téléviseur pour rassurer la curiosité de ses voisins. Dans certains milieux de la capitale, la BBC fait véritablement l'opinion et jouit de la même popularité que nos radios périphériques à leurs débuts.

L'anecdote* raconte que, agacé par toutes ces fuites de l'information, Brejnev décide de boucler le Bureau politique toute une journée au Kremlin pour que la BBC ne rende pas compte de ses travaux, heure après heure. L'on saura de la sorte s'il y a un traître parmi les membres de l'instance suprême. A la pause de midi, le vieux Souslov demande à sortir pour assouvir un besoin urgent. Mais les consignes sont

* *Anecdot*, en russe, est l'équivalent d'une blague, d'une histoire drôle. Omniprésente dans les discussions, elle est, avec son humour corrosif, une expression très populaire de la critique politique.

impératives et l'idéologue officiel est contraint de se tordre de douleur dans un coin, lorsque la porte s'ouvre pour laisser apparaître la femme de ménage qui, un pot de chambre à la main, déclare : « Je pense que cela vous sera utile, la BBC vient d'annoncer que le camarade Souslov avait mal au ventre. »

La précision des informations étrangères est souvent très étonnante, au point que des citoyens suspectent tout un réseau souterrain, manipulé par le KGB, de diffuser certaines nouvelles qui pour être fracassantes n'en resteraient pas moins contrôlées par la police.

Car les correspondants de presse étrangers n'ont pratiquement pas d'autres sources d'information que les conférences de presse officielles, les contacts avec certains dissidents, les cocktails dans les ministères et les communiqués de l'agence Tass.

En raison de leur plaque minéralogique blanche révélant leur fonction et leur pays d'origine, il est pratiquement possible à la milice urbaine, communiquant par talkie-walkie, de savoir à tout moment où ils se trouvent. Si un correspondant a invité des Soviétiques chez lui, ceux-ci seront contrôlés par les miliciens de garde ; s'ils se rendent eux-mêmes chez des amis, ils seront suivis par des inspecteurs. Nous avons invité à de nombreuses reprises Nicole Zand et Jacques Amalric, correspondants du *Monde* à Moscou. Chaque fois, leur voiture était filée par deux personnages qui les attendaient jusqu'à leur départ, même si la soirée se terminait à trois heures du matin et qu'il faisait moins trente degrés à l'extérieur. Et, invariablement, un enfant du voisinage venait frapper à la porte pour leur conseiller d'enlever les essuie-glaces ou de verrouiller les portières, mais aussi pour compter le nombre des convives.

Grandeur et misère du renseignement, notre petit Aliocha de voisin mangea un jour le morceau contre un paquet de chewing-gums, et malgré sa petite tête de dix ans nous demanda de ne rien avouer de sa « révélation ».

A quand le communisme pour les kolkhoziens?

« Comment vivez-vous dans votre kolkhoze?

— Très bien.

— Que signifie vivre très bien?

— Avoir un réfrigérateur et la télévision, un bon morceau de terrain pour ses fruits et ses légumes, remplir correctement le plan de production, vendre de temps en temps quelques sacs de pommes de terre dans une grande ville et mettre un peu d'argent de côté.

— Comment écoulez-vous votre marchandise sur les marchés « libres »?

— Nous utilisons les camions du kolkhoze en accord avec notre président pour porter en ville nos produits. Nos femmes se relaient pour la vente et, au retour, elles répartissent les sommes. C'est un travail très dur car les fruits et les légumes doivent toujours être frais. Nous les vendons en général quatre fois plus cher que les prix d'État mais nous payons des impôts et l'emplacement sur le marché.

— Que faites-vous de cet argent?

— Nous agrandissons notre maison, nous aidons notre fils qui fait des études à Leningrad et surtout nous en plaçons le plus possible à la caisse d'épargne pour les vieux jours. La retraite d'un kolkhozien est de dix-huit roubles par mois. Avec le jardin, nous ne manquerons de rien mais, en cas de maladie ou d'incapacité au travail, c'est avec nos économies qu'il faudra vivre.

— On dit à Moscou que les paysans sont riches...

— On dit dans nos kolkhozes que les ouvriers vivent beaucoup mieux que nous. Ils ont leurs revenus assurés même en cas de mauvais temps ou de sécheresse. Et le soir, après le travail, ils n'ont aucun souci. A la campagne, c'est différent; il faut travailler dur, se lever avec le soleil, se coucher tard. Au moment de la récolte, il nous arrive de rester quatorze heures aux champs. Les citadins se plaignent souvent du prix de nos produits mais sans nous comment mangeraient-ils? »

Avoir un contact, une discussion détendue avec les paysans n'est pas chose facile. L'homme avec qui nous avons eu ce dialogue est un auto-stoppeur. Nous l'avons pris dans notre voiture quelque part du côté de Novgorod. Lorsqu'il a vu que notre véhicule n'était ni une Moskvitch, ni une Jigouli, ni une Volga, il nous fit signe de continuer notre route. Dans le froid glacial du matin, rassuré par la présence des enfants et par notre insistance, il accepta tout de même de monter avec des étrangers. Visiblement, nous n'étions pas des valets de l'impérialisme et nos questions simples n'avaient rien d'embarrassant.

Mélina n'hésita pas à se mettre sur ses genoux et à lui parler familièrement comme à un grand-père.

Les deux ou trois choses qu'il nous apprit sur la campagne sont très difficiles à vérifier. A l'exception de rares voyages organisés dans les kolkhozes triés sur le volet, un étranger n'a pas la possibilité d'avoir une vision sérieuse de la vie rurale. L'auto-stop est donc un moyen privilégié pour rencontrer des paysans. Et même si un certain courant de sympathie se dégage au cours du trajet, personne n'a jamais accepté de nous donner son adresse, encore moins de nous inviter.

Rentrant un dimanche de Rostov-le-Grand, nous décidons

de pique-niquer à l'écart de la route nationale. Après nous être engagés sur un chemin de terre conduisant à un cimetière, nous nous installons au bord d'un champ. A peine commençons-nous à ouvrir notre coffre que trois paysans viennent tourner autour de cette bien étrange voiture n'appartenant pas à la production nationale. Sans entrée en matière ni cérémonie, ils nous signifient grossièrement qu'il est interdit de s'arrêter là et que les étrangers ne doivent pas s'éloigner de plus de cent cinquante mètres des grandes routes. D'où sortait ce règlement, comment avait-il pu être aussi précis dans la tête de ces paysans, si loin semblaient-ils de toute contrainte administrative? Toujours est-il qu'ils nous ordonnèrent de plier bagage, s'intéressant de très près à notre antenne de radio flexible, accessoire réservé aux véhicules de l'armée et qui prouvait certainement que notre voiture était équipée d'un émetteur-récepteur! Nous les remerciâmes chaleureusement d'être des exemples aussi vivants de la légendaire hospitalité russe. Mais ils n'avaient cure de notre ironie et nous décampâmes.

Quelques kilomètres plus loin, nous nous arrêtions au bord de la route sur un parking équipé d'une table et de bancs de bois, et, comme par hasard, deux motards de la police routière vinrent vérifier la régularité de nos visas. Le téléphone avait bien fonctionné depuis ce village perdu dont nous n'avions aperçu que le cimetière et, jusqu'à Moscou, notre identité fut contrôlée à l'entrée et à la sortie de chaque agglomération.

Nous étions en fait la justification concrète de la description des étrangers dans les innombrables réunions idéologiques des kolkhozes où l'on inculque aux citoyens la vigilance dans la lutte de tous les instants contre les ennemis intérieurs et extérieurs.

J'ai eu le rare privilège de me rendre à plusieurs reprises dans un village situé à deux cents kilomètres de la capitale. Un très bon ami moscovite y avait hérité de l'isba de ses parents. C'était le lieu idéal pour chasser et passer loin de la ville, des épouses et des ennuis quotidiens, des journées d'une totale liberté. Après cinq longues heures de route, où souvent il fallait sortir de la voiture pour l'aider à franchir des passages verglacés, nous nous retrouvions enfin comme disait Micha, une fois la porte repoussée sur le froid glacial, dans notre « îlot de socialisme » où l'on peut se laisser aller et vivre sans contraintes jusqu'à épuisement des provisions.

A l'occasion de ces sorties, j'étais en général chargé de l'intendance. Tous les produits de qualité et la vodka que j'achetais dans des magasins en devises étaient reversés dans des bouteilles ordinaires afin de ne pas attirer l'attention. Emmitouflé dans un costume noir matelassé que m'avait cédé un ouvrier du bâtiment, et portant de grandes bottes de feutre, j'étais présenté aux habitants comme un paysan arménien, fraîchement débarqué dans la capitale et parlant très mal le russe, ce qui n'avait rien d'invraisemblable.

Une seule fois pourtant mon camarade me permit de décliner ma véritable nationalité : nous étions invités à prendre le thé chez une veuve de quatre-vingt-six ans qui assurait le gardiennage de l'isba en l'absence de son propriétaire. En échange de quelques roubles, elle l'entretenait et veillait à ce que les tziganes de passage ne cassent pas une fenêtre pour s'y installer. C'était une amie sûre, elle avait vu naître le petit Micha qui, père de deux enfants, avait « réussi » à Moscou. Ne possédait-il pas un appartement et une voiture?

Micha était fier de présenter à cette grand-mère un Français, certainement le seul à être entré dans ce village et chez elle. Baboulia Alexandra, comme on l'appelait affectueusement, avait construit son isba de rondins avec son promis. Une époque où il n'était pas question de pouvoir des soviets mais où l'on attendait avec angoisse la fin de l'hiver pour compter le nombre d'enfants morts de maladie et de malnutrition. Que s'était-il passé ici en ces jours d'octobre et de novembre qui avaient tant ébranlé ce pays?

Baboulia s'en souvenait très bien :

« J'avais trente et un ans, j'habitais cette maison depuis mon mariage. Nous vivions de nos pommes de terre, de nos choux et du cochon qui engraissait devant la porte. Une fois le chou aigre mis en tonneau, les cornichons dans la saumure, une fois la vodka distillée, nous n'avions besoin de plus rien, nous étions prêts à affronter l'hiver. Il fallait travailler pour payer ce que les messieurs de la ville venaient nous vendre avec leurs charrettes. Des étoffes, des ustensiles de cuisine, tout ce dont on avait besoin mais que l'on ne pouvait que rarement se payer. Je ne savais ni lire ni écrire, je savais seulement qu'il fallait obéir à l'homme et le soigner après les régulières beuveries de vodka. Me taire surtout et souffrir. Et puis, par un froid matin de novembre 1917, deux cavaliers sont arrivés, escortés par la meute de chiens du village. Ils avaient l'air de soldats et, après avoir mis pied à terre, ils proclamèrent : *Le tsar est mort.*

« La phrase était encore sur leurs lèvres que, déjà, les lamentations éclataient. Toutes les femmes et quelques hommes se prosternaient.

« *Debout,* dit le plus vieux des deux; *le tsar est mort, abattu par la Révolution, désormais la Russie appartient aux ouvriers et aux paysans, le pouvoir appartient à chacun d'entre vous. Le tsar est mort, notre chef, notre guide c'est Lénine, l'homme le plus humain de tous les temps.*

« Déjà, nous nous apprêtions à nous agenouiller pour vénérer ce nouveau chef qu'on nous interdisait d'appeler tsar. Très cérémonieusement, les cavaliers nous lurent une longue déclaration où il était question de choses et de mots que nous entendions pour la première fois. On y parlait de parti, de socialisme, de communisme, de bonheur, de liberté...

« Après cette lecture, ils nous demandèrent : *Où sont les riches?* Ce n'était pas difficile de répondre. Il y a le marchand et le koulak, qui d'ailleurs ne furent pas longs à arriver avec leurs hommes et leurs fusils.

« *Vous ralliez-vous à la Révolution bolchevique triomphante, abandonnez-vous vos terres aux paysans?*

« Les chiens des fusils ne tardèrent pas à cliqueter. Tout est allé très vite, ils les ont abattus et le village n'était pas si peiné.

« Nos deux cavaliers nous ordonnèrent de les enterrer sans la moindre bénédiction. »

Au-dehors, la neige tombe à gros flocons bien doux. Assis sur un petit banc recouvert d'une épaisse couverture, je regarde les murs tapissés de vieilles *Pravda* jaunies, de cartes postales célébrant les grands anniversaires de l'Union soviétique, de caricatures de Hitler écrasé par les boulets rouges des défenseurs de la patrie. Et dans un coin, au-dessus de la lampe à huile embaumant la pièce, quelques icônes rescapées, devant lesquelles Baboulia se signe encore. La révolution d'Octobre a bouleversé la vie de cette femme. De dix années en dix années, loin des tumultes de la vie politique, reliée au monde par les journaux parvenant au village, les réunions du Parti et les assemblées générales du kolkhoze, elle a vu tour à tour l'arrivée du premier médecin, du premier maître, des premiers cours d'alphabétisation.

Et puis, en 1970, une nouvelle révolution a amené jusqu'au village l'électricité et le téléphone, confirmant au pied de la lettre l'instauration du communisme puisque le pouvoir des soviets était déjà une longue réalité.

L'électricité, cela signifie la radio, le réfrigérateur, le samovar sans charbon de bois, la lumière, et pourquoi pas demain la télévision?

Dans la nuit tombante, les traîneaux chargés de bois se hâtent vers le village, au loin se découpe dans le ciel gris la coupole de l'église transformée en entrepôt. Sa rouille séculaire lui donne dans ce ciel rouge encore plus de majesté. Un joug sur les épaules, les fillettes charrient des seaux d'eau puisée à quelques dizaines de mètres de là.

Autre signe de modernisme, le camion à tout faire attend sagement, sous des mètres de neige : unique véhicule de cette vingtaine d'isbas, il sert à l'approvisionnement, au transport des kolkhoziens, et à l'occasion d'ambulance et de corbillard.

Voilà, loin de toute propagande, au milieu de forêts de pins et de bouleaux, la vraie Russie profonde, celle qui n'appartient qu'aux Russes et qui a conservé toutes ses traditions. En quatre-vingt-six ans d'existence, Baboulia n'a jamais mis les pieds à Moscou. Son village est à plus de cent kilomètres d'une route nationale goudronnée et, pour y parvenir, il faut emprunter un chemin de terre impraticable au printemps à cause de la boue et très difficile d'accès en hiver.

Nous resservant sans cesse le thé brûlant de son beau samovar, nous montrant toutes ses reliques — une médaille d'or à l'effigie du tsar, un morceau de l'autel de l'église, des images pieuses —, elle s'arrête soudain de parler et, comme en s'excusant d'être trop bavarde, s'adresse à moi avec beaucoup de tendresse : « Mon petit gars, raconte-moi des choses de la France, et est-ce que chez vous tout le monde parle mal le russe comme toi, pourquoi la vie est-elle si dure chez vous pour les enfants? »

Nos compagnons arrêtèrent là la discussion, promettant de revenir le lendemain et nous rejoignîmes notre isba. Elle avait gardé le charme de ses origines. Le poêle monumental en briques occupait les deux tiers de la pièce unique. Rempli jusqu'à la gorge de troncs d'arbres, il allait nous permettre d'y passer des nuits douces, allongés sur son faîte alors qu'au-dehors le gel pouvait descendre dans la nuit jusqu'à moins quarante degrés.

Enivré par autant de simplicité et de spontanéité, enivré par ce spectacle me plongeant au cœur du XIXe siècle, enivré aussi par les longues rasades de vodka, je m'endormis dans un tourbillon de pensées contradictoires.

Peut-être bien que je rêvais après tout...

« Tu te souviens de ces discussions interminables sur la

liberté au Prolétaire rouge, me dit Micha; et bien tout ça ce ne sont que des mots. Il ne pourra jamais y avoir de liberté individuelle au milieu d'une organisation sociale quelle qu'elle soit, la liberté c'est ici, dans la nature, loin de tout, loin des règlements. Voilà notre dernier refuge et ici tout nous appartient : ni propriété privée ni clôture. Tu peux marcher autant que tu veux dans cette neige, personne ne te questionnera, personne n'entravera ta route. »

Nous marchons sur un étang gelé.

« Au printemps, m'assure Micha, le rouge et le blanc des obiers rend le paysage fééerique ». Au loin, dans la neige molle, une famille d'élans s'enfuit comme au ralenti à l'arrivée des chiens. Plus loin, ce seront des cerfs que nous n'oserons tirer.

Face à la nature, le Russe change de peau. Il s'estime supérieur aux Occidentaux douillets et repus de confort. Les meilleurs vêtements fourrés synthétiques n'ont aucune valeur comparés aux combinaisons molletonnées. Rien ne peut remplacer les chapkas de fourrure ou les bottes de feutre. Même si vos poches regorgent de dollars, aucun paysan ne se laissera acheter. Les icônes ou les samovars en cuivre ne se vendent pas, ils s'offrent en signe d'affection.

« Dans ces conditions, les thèses sur l'égalité entre la ville et la campagne sont illusoires. Le mirage de la vie facile fait fuir les jeunes mais, à Moscou ou ailleurs, ils sont très malheureux. Regarde Baboulia, elle n'a pas besoin de trop de progrès techniques. Pourquoi enlever les âmes des paysans? Ils sont tous fidèles au régime mais il est impensable que cette fidélité s'accompagne d'un reniement de leur foi. Lorsque leurs enfants passent les examens de marxisme-léninisme pour entrer à l'université, leur premier geste est d'allumer un cierge et de prier Dieu pour leur réussite. »

Retrouvant complètement ses racines, Micha poursuit : « Aucune route goudronnée n'arrivera jamais jusqu'ici, ce serait une hérésie économique et cela ne servirait à rien car il faudrait recommencer de la construire après chaque hiver: de plus, cela risquerait de donner aux paysans l'envie de bouger. Il est préférable que rien ne change ici... »

Dans le froid glacial, grisé à l'idée d'être le seul étranger à fouler cette terre, je harcèle de questions mes compagnons :

« Mais comment peut-on vivre avec une retraite de dix-huit roubles?

— Les paysans se débrouillent très bien et mettent même de l'argent de côté. Ils sont prioritaires pour l'achat des voitures et, au bout d'un an, en les revendant à des gens de la ville, ils peuvent facilement gagner jusqu'à deux mille roubles.

— Et quelles sont leurs distractions?

— La lecture et la radio, de quoi pourraient-ils avoir besoin de plus? L'installation de la télévision dans certaines campagnes est une véritable révolution et les heureux possesseurs d'un appareil sont persuadés qu'il représente le sommet de tous les progrès et la concrétisation des bienfaits du communisme. »

J'ai eu l'occasion de revenir cinq fois dans ce paysage situé quelque part du côté de Yaroslav. J'y ai appris la simplicité du paysan, son rôle fondamental dans la force du régime, son refus obstiné d'évoquer, même s'il en a été le témoin oculaire, les drames de la collectivisation et la mise au pas des campagnes à la période stalinienne.

Un seul Soviétique a accepté de parler longuement de ces problèmes : c'était un Arménien, président élu d'un important kolkhoze du centre de la Russie.

Des amis français transitaient par Moscou et devaient effectuer un voyage à la campagne grâce à l'association France-URSS. Cela m'incita à me joindre à leur groupe. Bien que la chose soit strictement interdite, nous réussîmes à soudoyer la guide de l'Intourist qui accepta de fermer les yeux sur un changement de personne à l'intérieur de son groupe.

Et c'est par la grande porte que j'entrai dans ce kolkhoze

où tout avait été merveilleusement préparé pour recevoir les hôtes français. Nous devions ainsi visiter l'école, le palais de la culture, le musée des peintres-paysans locaux. Il y avait là des centaines de toiles représentant pratiquement toutes des scènes de la vie rurale, avec toutes un personnage central : Lénine. Il était, tour à tour, agriculteur, pêcheur, chasseur, penseur au milieu des sillons, semeur, faucheur. Sur fond turquoise ou rose clair, il symbolisait les bienfaits du socialisme pour la paysannerie soviétique.

Avant le repas, une rencontre permit au groupe de poser « toutes les questions » désirées sur la marche du kolkhoze au président, mais aussi aux responsables du Parti, du syndicat, du Komsomol. Les Français s'intéressaient particulièrement aux superficies des champs, à la variété des cultures, au système de rémunération, à l'exode rural, au nombre de quintaux de maïs à l'hectare, etc. Prenant les précautions oratoires nécessaires pour affirmer que ma question était tirée des fables de la presse bourgeoise française, je demandai à notre hôte si la qualité de la production des jardins kolkhoziens était réellement supérieure à celle des produits livrés à l'État, très souvent qualifiée de médiocre. Je soulevai aussitôt la réprobation de l'ensemble du groupe français. Les officiels nous assurèrent que, s'il fallait compter sur la production individuelle des kolkhoziens, il y a belle lurette que l'Union soviétique serait morte de faim. Et nous passâmes à table. Je me mis à la droite de Tigran Garabedovitch, « tamada* » des festivités. Un accueil des plus chaleureux, d'innombrables toasts à la vodka permirent à nos Français d'oublier toute retenue pour mélanger avec leur bonne humeur proverbiale Lénine, Napoléon, la Marseillaise, l'Internationale et l'amitié franco-soviétique. L'un après l'autre, les responsables politiques présentèrent leurs adieux ; la guide officielle, trop sollicitée par les touristes voulant

* Président des festivités (voir p. 137).

trinquer avec elle à la russe en cassant les verres, était allée se reposer dans le car.

Tigran qui. en bon responsable, savait remplir les verres des autres sans jamais vider le sien, se tourna alors vers moi pour me dire en arménien : « Hovannig*, maintenant que nous sommes entre nous, nous pouvons parler librement. »

Il me questionna longuement sur mes origines, mes occupations en France, les raisons de mon attachement au PCF. Il me demanda pourquoi nous n'étions pas plus critiques envers son pays. Il avait l'habitude de recevoir des étrangers dans son kolkhoze grâce à un accord passé avec Intourist qui prenait en charge tous les frais de repas et payait des honoraires aux responsables. Je l'affranchis sur ma qualité de faux touriste et de résident provisoire à Moscou. Il n'en prit aucun ombrage et me parla de ses difficultés, des engrais mal utilisés par manque de spécialistes, des gâchis de production à cause de la pénurie de camions, des récoltes qui pourrissent sur pied en l'absence de pièces détachées pour les engins agricoles, il me confirma les fables de la presse bourgeoise concernant l'intérêt des kolkhoziens pour la production individuelle, le marché parallèle que représentent les commandes de certains ministères ou certains organismes officiels pour leurs membres.

« Et d'ailleurs, me dit-il, puisque tu vis à Moscou, tu dois connaître tout cela. »

Il évoqua les transformations de son kolkhoze en fonction des directives du Plan ou des indications du Parti.

« Chez nous, les bêtes sont souvent mieux logées que les gens et les étables modèles achetées à l'étranger nous permettent réellement d'augmenter la production. »

Était-il pessimiste pour l'avenir?

« Non, me répondit-il, il y a chez nous une masse de gens qualifiés, aimant leur pays, conscients du potentiel humain et

* Diminutif affectueux pour Jean.

des réserves naturelles. Il nous faut plus d'autonomie, moins de cette bureaucratie qui décourage les meilleures volontés. Je suis sûr pour ma part que nous nous en sortirons. Le peuple soviétique n'a pas besoin de rattraper les Américains sur le plan de la production quantitative, notre mode de vie est différent, plus modeste, dans les racines profondes des traditions populaires. »

L'heure avançait. Tigran Garabedovitch donna un coup de téléphone pour que l'on me prépare un panier de fruits et légumes frais à rapporter à Moscou où je serais le soir même grâce au tramway des kolkhoziens qu'est l'avion.

Les touristes s'égaillaient dans la forêt de bouleaux, la radio du restaurant égrenait un vieil air de bandonéon à vous arracher les larmes. Nous nous installâmes sur la terrasse ensoleillée. Tigran commanda une bouteille de champagne géorgien et, cette fois, nous ne bûmes ni à l'amitié entre les peuples ni à l'internationalisme prolétarien, mais à l'amitié tout court entre deux individus. Sensation étrange d'être dans une zone libre, sans contraintes, loin des fracas compliqués de la capitale, des mondanités et des mensonges.

Mon ami portait un costume prince-de-Galles très bien coupé, une ceinture de cuir *made in France,* une chemise blanche en Tergal. Son large sourire découvrait une denture en or tout comme les bagues qu'il portait à chacun de ses doigts. En quelque sorte les signes extérieurs de richesse d'un Arménien mûr de cinquante ans qui a réussi dans la vie.

Il enleva sa veste, retroussa soigneusement les manches de sa chemise, nous reversa une coupe de champagne et me dit :

« Je vais te raconter la plus jolie histoire que je connaisse sur la vie des paysans.

« Cela se passe au kolkhoze Octobre rouge de la région de Tambov. La récolte a été bonne, un télégramme de Moscou félicite les héroïques paysans qui contribuent grandement à l'édification du communisme. Ils ont fourni pour l'hiver cinquante tonnes de pommes de terre à la capitale, soit cinq de plus que les prévisions du Plan. Le secrétaire du Parti, au centre de la tribune, adresse de bonnes paroles au président, aux responsables du Komsomol et du syndicat. Il fait un discours enflammé sur la grande patrie soviétique multinationale, les succès qu'elle enregistre grâce à la sage direction de Léonide Ilitch Brejnev suivant lui-même pas à pas les préceptes de Vladimir Ilitch Lénine. Les kolkhoziens sont tous là sans exception. Ils écoutent dans un silence religieux mais la joie se lit sur tous les visages. Nul doute que demain, ils feront encore mieux, avec plus d'abnégation encore, leur travail vital et hautement apprécié pour le pays. Dans l'autre salle de la Maison de la culture, on entend déjà les préparatifs pour la fête qui va couronner un aussi extraordinaire et exaltant rapport de plan.

« Chacune des personnalités du kolkhoze prend la parole pour répéter les phrases du secrétaire du Parti en le citant abondamment. C'est qu'il est dans cette assemblée euphorique le représentant direct du Bureau politique qui agit inlassablement pour le bonheur du peuple. Avant de lever la séance solennelle et laisser la place aux réjouissances, l'orateur demande à l'assistance de couronner par ses questions une soirée qui prouve combien la démocratie directe est une réalité quotidienne de l'Union soviétique.

« Personne ne bouge et l'on va enfin pouvoir vider quelques bouteilles lorsque l'ancêtre Vassili Ivanovitch lève le bras pour demander la parole.

« *Je ne suis,* commence-t-il, *qu'un pauvre descendant de moujik et je ne m'exprime pas aussi bien que tous nos responsables qui ont su avec les mots justes dire notre attachement à la patrie. Je peux témoigner que, sans le pouvoir des soviets, je ne serais rien aujourd'hui ou bien un esclave à qui l'on volerait tout le fruit de son travail. Depuis des dizaines d'années, je travaille dur pour que l'achèvement du socialisme soit enfin une réalité. Mais aujourd'hui, fort de nos résultats, fort du dernier discours du camarade Léonide Ilitch Brejnev au*

Kremlin, fort de la méthode scientifique de notre parti marxiste-léniniste, je voudrais poser à Sergueï Nikolaïevitch une question très précise. Son rôle, son éducation politique le mettent, je l'espère, dans la possibilité de me répondre.

« *Voilà, camarades du Parti, camarades travailleurs du kolkhoze sans parti, camarades techniciens au rôle irremplaçable dans le processus de mécanisation, ma question au camarade Sergueï Nikolaïevitch. Ce que j'aimerais savoir précisément, c'est le moment exact de l'instauration du communisme dans notre pays. Notre état de développement actuel permet certainement une réponse.*

« Vassili Ivanovitch se rassied. Un long murmure approbateur emplit la salle. Chacun se félicite de la pertinence et de la qualité de cette question et l'on ne manque pas d'appuyer bruyamment l'orateur en exigeant qu'enfin la date exacte soit divulguée et ne reste pas un secret réservé aux dirigeants.

« Cette question laisse notre secrétaire perplexe. Il assure n'avoir pas été lui-même prévenu et de ce fait n'est pas en mesure de répondre. Il faut donc faire quelque chose car, selon les préceptes de Lénine, le peuple a le droit de tout savoir.

« Chacun émet son avis, fait des propositions. C'est celle de Vassili Ivanovitch qui sera retenue après un vote à main levée et à l'unanimité. Celui-ci a en effet suggéré qu'une pétition soit rédigée, signée par l'ensemble des six cent dix-huit kolkhoziens et portée par une délégation à Moscou au siège du Comité central pour être directement remise à Léonide Ilitch Brejnev. Dans une ambiance survoltée où l'enthousiasme le dispute à la fébrilité, on charge le camarade correspondant de la *Pravda* de rédiger la pétition que voici :

« *Les six cent dix-huit travailleurs du kolkhoze Octobre rouge de la région de Tambov ayant reçu en 1966 l'ordre du Drapeau rouge pour leur travail et leur vigilance révolutionnaires, s'adressent au camarade Léonide Ilitch Brejnev, au Comité central du Parti communiste de l'Union soviétique, à son Bureau politique.*

« *Grâce à vos indications, à votre lutte inlassable pour notre bien-être à tous, à votre abnégation pour nous montrer la voie à suivre et à l'opiniâtreté de votre lutte, nous avons réussi à fournir cinquante tonnes de pommes de terre au pays, soit cinq de plus que les prévisions du Plan. Nous espérons que chacun d'entre vous a pu y goûter personnellement et mesurer ainsi la qualité de notre production. Mais là n'est pas notre propos. Pour mieux préparer l'avenir, nous souhaiterions aujourd'hui connaître le moment précis de l'instauration du communisme dans notre pays afin de prendre le plus dignement possible toute notre place à ce moment-là. Conscients du dérangement que nous vous occasionnons dans votre volume considérable de travail, nous vous prions d'agréer, chers Camarades, l'expression de nos sentiments communistes sincères.*

« Suivent six cent dix-huit signatures sous celle de Sergueï Nikolaïevitch qui marque ainsi la totale solidarité du comité du Parti dans cette démarche éminemment constructive.

« Par acclamation, on désigne deux jeunes komsomols, Petia et Serioja, pour se rendre dans la capitale. Dès le lendemain, à la première heure, le camion du kolkhoze les conduit jusqu'à la route nationale où, en stop, ils rejoignent la ville la plus proche pour prendre un train. Après une journée d'attente, ils finissent par obtenir leur billet pour Moscou où ils débarquent à la gare de Yaroslav en plein cœur de la ville-héros, munis de leur précieux parchemin soigneusement roulé.

« Sans perdre une minute, ils se mettent en quête de la place Noguina, et comme elle est à moins de trois kilomètres, ils décident de s'y rendre à pied, histoire de voir de leurs propres yeux les richesses de la rue Kirov, le faste de la place Djerjinski, la beauté des grilles du boulevard si souvent décrites à la télévision.

« Ils sont arrêtés aux abords du siège du Comité central par un milicien à qui ils expliquent longuement les raisons de leur présence et les voilà enfin devant la porte du saint des saints. Impressionnés par le gigantesque parking de voitures noires des serviteurs du peuple, ils se présentent à la guérite d'entrée pour demander un rendez-vous avec le camarade Léonide Ilitch Brejnev. Le gardien est partagé entre l'envie d'appeler la milice et d'expulser lui-même ces deux culs-terreux irresponsables décidés à Dieu sait quelle provocation. Toutefois, après avoir lu le texte, vérifié la signature du responsable du Parti, il décroche son téléphone, et apparaît quelques instants plus tard un aimable et élégant fonctionnaire qui les emmène dans un spacieux bureau du cinquième étage où il leur demande de patienter.

« Nos deux héros s'installent et commentent leur premier voyage en ascenseur, le silence de l'appareil, le luxe de la grande glace, la dignité de la liftière maniant avec autant de dextérité la manette de cuivre bien polie.

« Une bonne heure s'écoule, passée à contempler dans le moindre détail le bureau, les dossiers, les rumeurs qui montent de la ville.

« Enfin, notre homme réapparaît. Il est accompagné d'un supérieur qui jauge du regard nos deux kolkhoziens visiblement impressionnés; ceux-ci, au garde-à-vous, font lentement tourner leur chapka en fourrure devant leur buste.

« Ils expliquent à nouveau leur requête avec gravité. Le personnage important les prie de le suivre dans son bureau à l'étage au-dessus. Nouvelles découvertes, nouveau luxe.

« L'homme se présente : il est le vingt-huitième adjoint du trente-sixième secrétaire de Léonide Ilitch Brejnev. Le numéro un du Parti est un homme très occupé, très sollicité tout comme ses adjoints et, entre ses réunions, ses voyages à l'étranger, la rédaction de ses ouvrages littéraires et théoriques, il lui est absolument impossible de les recevoir malgré l'importance de leur démarche et son vif désir de toujours s'informer des préoccupations du peuple.

« Qu'à cela ne tienne. Ce secrétaire, pensent-ils, sera en mesure de répondre à leur attente et ses indications suffiront à calmer la saine impatience du kolkhoze Octobre rouge.

« Le fonctionnaire est désemparé.

« Peut-être, leur suggère-t-il, serait-il bon qu'ils retournent chez eux pour en délibérer en assemblée générale.

« Cela lui laisserait le temps, pense-t-il, de rappeler à l'ordre le secrétaire du kolkhoze et de trouver une solution à ce problème revendicatif aigu.

« Mais Petia et Serioja, en bons paysans têtus, insistent pour avoir une réponse immédiate. Le fait d'avoir franchi la porte du Comité central est suffisant pour la crédibilité de leur démarche. L'homme s'énerve, cherche des excuses, fait les cent pas dans son bureau et soudain s'arrête devant la fenêtre, fixant quelque chose dans la rue. Le visage illuminé, il appelle nos deux kolkhoziens et leur montre le parking. *Vous voyez,* dit-il, *ces deux voitures noires. A gauche, c'est la Tchaïka du camarade Brejnev et, à droite, celle du camarade Kossyguine. Fixez bien cette image dans vos esprits et dites aux glorieux travailleurs du kolkhoze Octobre rouge que le communisme commencera officiellement chez nous le jour où vos propres Tchaïka seront garées entre ces deux-là.*

« Petia et Serioja sont éblouis par cette explication qu'ils répètent à voix haute.

« Ils sortent de leur sac à dos un bon saucisson du pays, quelques kilos de pommes de terre qu'ils offrent à leur mentor politique en signe de remerciement et, après de chaleureuses poignées de main, quittent, encore sous le coup d'une intense émotion, ce bureau d'où leur est venue la lumière.

« Un coup de sonnette, et un huissier les a déjà conduits dans l'ascenseur. Ils saluent poliment le gardien, le remercient de son aide précieuse et, après avoir jeté un regard en arrière pour bien se souvenir des lieux, ils s'engouffrent dans le passage souterrain qui débouche au Dietsky Mir *.

« Ils parcourent avec fébrilité les cinq étages du magasin, s'arrêtent à tous les rayons, font le compte de leur argent et,

* Dietsky Mir : le Monde des enfants. Grand magasin du centre de Moscou spécialisé dans les produits pour enfants.

finalement, décident d'acheter chacun une bicyclette pour leurs rejetons. Ils payent à la caisse, choisissent l'engin convoité, écoutent scrupuleusement toutes les indications de la vendeuse qui vérifie le bon état des chambres à air et la qualité des roulements à bille. Nos héros repartent, traversent la place Rouge, observent une minute de silence devant le mausolée de Lénine et pénètrent dans le Goum.

« Trois heures suffisent pour venir à bout de la liste de parfums « Soir de Moscou », de rouges à lèvres et autres cosmétiques commandés par les kolkhoziennes.

« Ils refont une nouvelle queue pour s'offrir une dizaine de pirojkis à la viande, une bouteille de vodka Extra et se trouvent un coin de porche pour déguster leur festin moscovite.

« Il ne leur reste plus qu'à bien emplir leur sac à dos, arrimer leurs achats autour de la taille, prendre les vélos sur l'épaule et se diriger vers la gare en contemplant au passage tous les lieux historiques qu'ils peuvent traverser. Ils ont le temps de flâner. Le billet de retour est déjà en poche et, sans encombre, émerveillés par le nombre de choses qu'ils ont pu faire dans une journée, ils se retrouvent dans le train qui va les ramener au bercail après avoir envoyé un télégramme au kolkhoze pour indiquer au chauffeur leur heure d'arrivée.

« Quel n'est pas leur étonnement de constater que pratiquement tous les villageois sont venus à leur rencontre ! Et une seule question sur toutes les lèvres : *Savez-vous?*

« Oui, Petia et Serioja savent, mais la révélation est trop importante pour être ainsi divulguée sur un quai de gare. Décision est donc prise de convoquer une assemblée générale pour le soir même.

« C'est l'ambiance des grands jours de liesse. Les deux héros sont à la tribune. Le sérieux de leur visage reflète la gravité de ce moment historique. La foule jusque-là muette crie son impatience et le secrétaire du Parti donne le feu vert aux émissaires de la collectivité.

« Très cérémonieusement, Petia et Serioja scrutent leur monde, comme le fonctionnaire qui les a reçus la veille. Ils toisent les kolkhoziens de la tête aux pieds et soudain Serioja lance à l'adresse d'une femme : *Macha Mikhaïlovna, emmène un peu voir tes laptis* ici.* Petia ajoute : *Alexandre Dimitrievitch, déchausse-toi toi aussi.*

« Les deux vétérans s'exécutent. Nos héros prennent les sandales crasseuses qu'ils rangent soigneusement sur la tribune et, s'adressant à l'assistance, déclarent gravement :

« *Vous voyez, camarades, il y a ici à gauche les laptis de Macha Mikhaïlovna, à droite ceux d'Alexandre Dimitrievitch. Et bien, le jour où vous verrez les laptis du camarade Brejnev, rangés entre ces deux paires, vous pourrez dire que le communisme est enfin instauré dans notre pays.* »

* Laptis : sandales traditionnelles en écorce de bouleau ou de tilleul restées comme symbole de la paysannerie russe d'avant la Révolution et très rarement utilisées de nos jours.

La grande amitié des peuples

Au nombre des slogans qui hantent panneaux, affiches, banderoles, littérature de propagande, ondes radiophoniques ou télévisuelles, ceux glorifiant l'amitié « entre les peuples de l'URSS » et « les peuples frères » ou proclamant « la paix au monde », sont, sans nul doute, les plus fréquents. Le peuple russe est tout amour pour ses frères soviétiques, et l'ensemble du pays en quête permanente d'amitié avec les peuples du monde entier.

Pourtant, au cours des premiers mois, une transformation, qui s'était opérée dans les propos de Fabrice, nous poussa à porter un regard particulièrement attentif à ces problèmes. A Marseille, notre fils avait fréquenté une crèche où se côtoyaient petits Africains, Arabes et Français, sans que cela provoque de sa part la moindre réflexion. Or, à Moscou, il se mit à utiliser le mot « nègre » comme insulte. La différence, la rivalité entre peuples et individus faisaient-elles leurs premiers pas à l'intérieur même de la République de Russie? Nous connaissions la compétition encore vigoureuse entre Moscovites et Leningradois : les premiers ont l'orgueil des vainqueurs, puisque c'est à leur ville qu'est revenu le titre de capitale, les seconds le mépris que leur octroie sans conteste le charme célèbre de leur Venise du Nord. D'ailleurs, des amis nous interrogèrent à ce sujet. Ils surent que Leningrad avait conquis nos cœurs avant même que nous ayons eu le temps de mettre les deux villes en balance. Mais le charme de ses édifices, la poésie de ses canaux, la Néva charriant ses blocs de glace, la flèche gracile de la forteresse Pierre-et-Paul, les nuits blanches et ses noctambules rêveurs, les ponts qui se relèvent et s'abaissent au rythme des journées, tout cela ne serait rien sans son indissociable complément : la gentillesse accorte de ses habitants, l'élégance — toute soviétique soit-elle — des jeunes filles et des femmes, leur démarche citadine, les sourires, les regards attentifs. Même les vendeuses de magasins veillent à vous être agréables, et les passants, à qui vous demandez un renseignement, se montrent disponibles. Quelle différence avec Moscou!

Ici la courtoisie n'est pas un résidu bourgeois mais une qualité cultivée et omniprésente. Les hasards de la géographie n'en sont pas la seule raison.

Contrairement à la capitale, Leningrad a su se préserver d'un excès de constructions neuves à sa périphérie, limitant ainsi la venue de populations rurales. Ses habitants sont leningradois depuis des générations. De plus, la proximité de la Finlande, dont les ressortissants viennent par cars entiers jusqu'ici contourner leur loi sur la prohibition, fait que l'extérieur se reflète à tous les niveaux du quotidien : la mode vestimentaire, la décoration des appartements, un certain style de vie, plus décontracté, moins soucieux de conformisme. A Leningrad, on se promène plus tardivement dans les rues, sans parler du mois de juin où les nuits blanches voient traîner dans les jardins publics des jeunes très à la mode qui grattent sur leur guitare et chantent les airs les plus occidentaux, empruntés aux Beatles et aux Rolling Stones. Ce n'est que dans cette ville que nous avons découvert un lieu d'intimité rappelant nos bistrots. Son originalité ne laissait pas de surprendre puisque, situé dans la cabine d'un petit voilier, il ne pouvait recevoir qu'une dizaine de personnes à la fois et diffusait en sourdine une musique de jazz comme vous n'en entendez dans aucun autre lieu public.

Moscou est laborieuse, industrieuse. La plupart de ses

habitants viennent d'ailleurs : lointaine province ou campagne russe. Souvent de souche paysanne, ils ont gardé un caractère bourru, une allure peu soucieuse d'élégance. Marcher au centre dans certains quartiers commerçants relève de l'exploit sportif. On vous bouscule sans jamais s'excuser; dans les grands magasins, le métro, les tramways, les bus ou sur les quais des lignes de banlieue, vous êtes en droit de vous demander si l'être humain mérite son appellation. Chacun se bat pour soi, pour le produit sur lequel il a jeté son dévolu, pour ses cinquante centimètres carrés de place assise ou debout, mais jamais la courtoisie n'en sortira triomphante. C'est aussi à Moscou que se déversent quotidiennement des nuées de provinciaux venus là pour s'approvisionner en denrées introuvables ailleurs. Cette population de passage crée au centre de la ville une cohue permanente qui agace les vrais Moscovites — peut-être aussi et secrètement, parce qu'elle réduit à néant leurs privilèges d'habitants de la première métropole du pays.

Si la rivalité entre l'ancienne et la nouvelle capitale constitue une éraflure dans le tableau idyllique de la fraternité, il n'en demeure pas moins qu'on est là entre Russes et que l'inimitié ne porte pas à conséquence. Mais dès que vous franchissez les frontières de la Russie pour vous rendre dans une autre République, et plus particulièrement sur les rives de la Baltique ou dans la région du Caucase, le ton devient plus sérieux.

Nous nous en rendrons compte au cours d'un voyage à Riga, la capitale de la Lettonie.

Une heure de balade suffit pour comprendre la fascination qu'exercent sur les Russes leurs Républiques du nord. Bien que le fond de l'air soit soviétique par les taxis, les autobus, l'uniformité des bâtiments publics, il flotte sur la ville une atmosphère de décontraction et de bonne humeur. Ce n'est pas par hasard si, à l'heure des vacances, des millions de Russes se précipitent vers le nord, transformant les côtes de la

Baltique en Côte d'Azur, et provoquant ainsi une hausse stupéfiante des prix de locations. Chaque mètre carré vaut de l'or, chaque parcelle de sable au soleil se gagne durement. La présence nombreuse d'Allemands de l'Ouest et de Scandinaves n'est pas étrangère à cette fièvre.

La plupart des dignitaires viennent ici se reposer. Peut-être se remémorent-ils que, de ces lieux historiques, Lénine s'est enfui à pied vers la Finlande sur la mer gelée...

A Riga, l'avenue centrale porte le nom du père de la Révolution. En un quart de siècle, elle a été successivement baptisée : avenue de la République, puis Adolf Hitler, puis Joseph Staline, jusqu'à sa dénomination actuelle. Mais la capitale lettone est passée à travers ces tourmentes de l'Histoire en conservant ses clochers d'ardoise pointus, son élégance puritaine, son sens religieux si profond et sa haine avouée des Russes qu'elle considère comme des colonisateurs. Malgré l'intense soviétisation des postes clés, rien ne laisse entrevoir la possibilité de gommer ce sentiment que l'on perçoit en toute occasion.

Projetant de passer une soirée dans une boîte de nuit, nous étions allés nous y inscrire à l'avance et nous acquitter du prix d'entrée comme le veut la coutume. L'employée ne prit aucune précaution oratoire ou diplomatique pour nous signifier qu'elle nous acceptait mais qu'il n'y avait pas de place pour nos amis russes. Protestations, tentatives de corruption. Rien n'y fit. La charmante Lettone avait visiblement un éventail de choix pour ses cosmétiques, ses parfums et ses besoins en dollars. Nos compagnons furent moins scandalisés que nous, trouvant déjà miraculeux de venir ici sans visa, de s'asseoir à une terrasse de café pour boire une bière fraîche ou du whisky importé moyennant quelques roubles supplémentaires. Ici, la surprise est à tous les coins de rue : niveau de vie plus élevé, qualité de la construction, entretien des routes. Autre motif d'étonnement : comme en Angleterre, le lait et le journal sont portés chaque matin et déposés à même le sol devant les pavillons individuels. Mais si par extraordinaire une bouteille disparaissait, l'accusé serait évidemment un touriste russe.

Et cette ironie! Au marché kolkhozien de la ville, nous émerveillant d'avoir enfin découvert des coussins jusque-là introuvables, et nous en approvisionnant pour plusieurs amis, quelle ne fut pas notre surprise en entendant le vendeur se moquer ouvertement de la propagande soviétique : « Je comprends votre bonheur, j'ai encore lu hier dans la *Pravda* qu'il y avait pénurie de coussins à Paris. »

A la fin d'un concert d'orgue pour lequel nous avions pu nous procurer des billets de façon parfaitement légale, nos amis russes réussirent à couper court à toute tentative de discussion sur la qualité de la civilisation de cette oasis en déclarant : « S'ils ont tout ça, en fin de compte, c'est bien grâce à nous et à notre aide désintéressée. » Élégante manière, y compris pour des gens intelligents, de se retrancher derrière l'argumentation officielle « grand-russienne ».

Puis il y eut notre premier voyage à Erevan, capitale de l'Arménie. Jean y partait à la rencontre de parents inconnus, à la recherche de racines disloquées, peut-être aussi d'un sentiment d'appartenance à une communauté.

Nous ne fûmes pas déçus : une délégation de quelque trente personnes nous attendaient à l'aéroport, les bras chargés de fleurs; visages hâlés et rieurs; voitures empruntées avec leurs propriétaires au volant; embrassades étourdissantes, larmes; toute l'exubérance méridionale; rien ne manquait à la chaleur de l'accueil, pas même le soleil, alors qu'en cette veille du 1er Mai, nous avions quitté Moscou sous la neige.

Nous avons appris plus tard, confidentiellement, par un ami de passage à Moscou, que l'hospitalité arménienne à l'égard de ses hôtes étrangers passe bien souvent par un endettement considérable. Au cours de nos séjours, nous devions être littéralement gavés autour de tables recouvertes en permanence des mets les plus recherchés, des vins et cognacs les plus coûteux. Mais cela impliquait après notre départ un régime d'austérité soutenue afin de rembourser les dettes contractées.

Entendre parler arménien dans les rues, les magasins, les autobus, les services publics, aussi fort que dans les quartiers arméniens de Marseille, voilà qui ne laissait pas d'étonner Jean. Voir dans les vitrines s'étaler à loisir les gracieux caractères de l'alphabet arménien, écouter les commentateurs de la radio ou de la télévision parler avec le plus grand naturel cette langue si exotique en France, vivre dans un univers où cheveux bruns crépus, nez busqué et teint mat ne font s'interroger personne sur vos origines, autant de découvertes dont nous nous repaissions à grandes lampées.

Les rues aux noms de Komitas, Abovian, Chaoumian, les slogans à la gloire du travail socialiste dans la langue qu'il avait apprise en déchiffrant l'Évangile, autant d'événements de chaque instant qui arrachaient à Jean des exclamations à la fois attendries et amusées. Les mets parfumés de son enfance, odeurs mêlées de menthe et de viande fumée, la tradition du rot bruyant pour couronner un bon repas — mais au lieu du « Dieu soit loué » habituel, c'était ici un hérétique « bonne santé » qui l'accompagnait —, le café turc dans la rue, en passant, presque sans s'en apercevoir, et les vieilles qui prisent, assises en tailleur sous leurs larges jupes bariolées, rien n'était nouveau pour lui, si ce n'est l'échelle à laquelle ce spectacle était donné : ce n'était plus une petite scène de patronage au décor approximatif, fait de bric et de broc, mais une histoire vraie, contée avec le plus grand naturel dans un paysage grandeur nature et dont l'horizon s'étirait sur un mont Ararat de pierre, de terre et de neige, moins rutilant peut-être que sur les tableaux qui ornent chaque foyer de la diaspora, mais d'autant plus authentique.

Erevan, vaste chantier, serait semblable à ses sœurs des autres Républiques si elle ne frappait par ses immeubles recouverts de tuf rose, masquant l'uniformité des constructions préfabriquées. Les Arméniens ne sont pas peu fiers de cette caractéristique qui les met à l'abri d'une éventuelle assimilation avec la cité soviétique type. Autre particularité de l'habitat : dans les ensembles neufs, qui remplacent peu à peu les insalubres bidonvilles en pisé, les terrasses des toits servent à la belle saison à griller les brochettes de mouton — les fameux « chichkebab »; alors chacun installe un petit barbecue de sa fabrication et l'on vient à plusieurs mettre tout son art à doser la cuisson, parfumer la viande, échanger des ragots, sous l'œil embrumé du sieur Ararat. Visible de n'importe quel toit, ce sommet sur lequel Noé et son arche survécurent au déluge, permet aux Arméniens d'URSS de cristalliser en un seul lieu bien des sentiments variés, parfois contradictoires. Car l'Ararat, situé au-delà de la frontière turque, c'est à la fois la terre arménienne, une part du patrimoine à reprendre à l'ennemi, mais aussi l'étranger, le début de l'ailleurs, qui mène aux divers royaumes de la libre entreprise : le Liban, la Syrie, mais surtout la France et les États-Unis, où chacun sait qu'un frère, un cousin, un parent, proche ou lointain, lui a promis de l'accueillir, de l'aider à ouvrir un commerce, une petite entreprise, bref à s'enrichir et être libre. Confusion des sentiments où l'identité nationale est tiraillée une fois de plus. Comme dans la chanson, entre les deux mon cœur balance; la communauté arménienne soviétique est scindée : pour les uns, l'Arménie ne serait rien sans les frères russes, sans l'Armée rouge, sans Lénine, sans l'Union soviétique qui seule lui permet d'exister; pour les autres, leur patrie serait plus riche, plus belle, mieux gérée si elle ne subissait pas l'emprise russe.

Au cours d'un dîner de famille organisé en notre honneur, autour d'une table abondante, où chacun exprimait sa joie devant le miracle des retrouvailles, nous avons pu assister à une scène dont nous avons compris par la suite qu'elle n'avait rien d'exceptionnel. Au centre de cette assemblée se trouvaient le neveu venu de France, le vieil oncle d'Arménie et son cousin, plus jeune, qui avait choisi de s'installer en Russie, où il s'était marié. Bien vite, la conversation prit un tour politique et l'inévitable discussion sur les bienfaits ou les méfaits de la soviétisation de l'Arménie vint sur le tapis, dressant l'un contre l'autre le cousin « russifié » et l'oncle nationaliste. Visiblement, ils n'en étaient pas à leur coup d'essai et ne devaient qu'à notre présence le fait de se retrouver autour d'une même table. Le ton s'éleva rapidement jusqu'au moment où, usant de son autorité d'aîné, l'oncle déversa sur le cousin une série de malédictions, le pria de quitter les lieux séance tenante, lui interdisant à jamais de franchir le seuil de sa maison.

Querelle de famille traditionnelle chez les Orientaux, mais dont le thème allait constamment revenir dans nos dialogues avec les Arméniens. Il n'est pas exagéré de dire qu'une majorité d'entre eux éprouve un profond mépris pour les Russes, qui, nombreux dans leur République, y occupent des postes dans l'administration, l'enseignement, la recherche. Leur mode de vie, ordonné, sage, leur état d'esprit conformiste, discipliné, provoquent maints ricanements de la population autochtone, éprise au contraire d'un laisser-aller très méridional, d'irrespect pour les autorités, d'esprit satirique et narquois. C'est d'ailleurs à une Radio-Erevan fictive que sont attribuées toute une collection de plaisanteries, d'anecdotes satiriques sur l'URSS qui circulent depuis des années à travers tout le pays.

L'Arménien accepte mal la « socialisation » qui ne fait qu'un dans son esprit avec la russification, et cela se traduit par un gigantesque développement de la corruption, de la pratique du travail au noir, de toutes sortes de marchés et petits métiers parallèles, où trouvent place tous les trafics, des papiers d'identité aux faux en tout genre.

La résistance à la soviétisation se manifeste aussi par un attachement acharné aux traditions ancestrales. C'est ainsi que l'émancipation de la femme ne trouve pas chez tous, loin s'en faut, l'écho dont parle la propagande officielle. Certes, leur droit à l'enseignement, au travail, est le même que partout ailleurs, mais il n'en demeure pas moins que, dans la plupart des familles, les femmes, jeunes ou moins jeunes, sont encore remisées à la cuisine, aux corvées ménagères et ne participent pas aux repas où l'on reçoit des hôtes.

La vendetta elle-même n'est pas encore totalement extirpée des mœurs. Un grand nombre d'étudiants vietnamiens résident à Erevan. Or, il est advenu plus d'une fois que certains soient assassinés parce qu'ils s'étaient permis de sortir avec des jeunes filles arméniennes ou de les poursuivre de leurs assiduités. De véritables expéditions punitives ont été organisées par les frères, fiancés ou amis de ces jeunes filles, afin de venger l'honneur de la famille.

Que l'Arménie nous pardonne, nous n'avons pu lui réserver l'exclusivité de notre attachement.

Depuis Erevan, au volant d'une voiture de location, nous avons fait une incursion jusqu'à Tbilissi, capitale de la Géorgie, terre cousine et rivale de l'Arménie. En chemin, nous avons traversé les maquis, puis les verdoyantes vallées qui bordent l'Arménie. C'est sur cette route, à l'approche d'un tronçon sur lequel s'affairaient cantonniers et bulldozers, que nous avons vu un panneau rédigé en russe et en anglais : « Automobilistes, veuillez excuser les perturbations causées par les travaux. Nous travaillons pour vous. Merci. » Durant tout notre séjour en URSS, c'est la seule marque d'attention superflue de l'État pour l'individu que nous ayons rencontrée. Il y aurait fort à parier que l'initiative en revenait à l'un de ces milliers d'Arméniens revenus vivre au pays après de longues années d'expérience du capitalisme... La partie de l'Azerbaïdjan, par laquelle nous devions ensuite gagner la Géorgie, nous réservait une surprise bien différente. Dans un coin aride, presque désertique, nous avons été arrêtés par de très jeunes enfants, pieds nus, vêtus pauvrement, qui nous supplièrent de leur acheter, pour un rouble les trois, des pommes de leur jardin.

Puis Tbilissi, l'ancienne Tiflis des légendes, qui fut jusqu'au début de ce siècle la résidence de la grande bourgeoisie et de l'intelligentsia du Caucase. La partie ancienne, qui surplombe la cité, charme à la fois par ses hôtels particuliers et les petites maisons de ses ruelles, disposées au hasard de l'histoire en un désordre esthétique.

Ici, vraiment, vous n'êtes plus en Union soviétique, vous pouvez oublier un moment la rigueur qui unit en un chapelet monotone toutes les grandes villes de province.

L'animation, d'abord; elle règne dans les rues, aux abords des restaurants; s'intensifie dans le quartier du marché central; les couleurs, alors : le vert des poivrons, de la menthe, du basilic, le violet des aubergines bien astiquées — tous légumes exotiques à Moscou — se mêlent aux odeurs orientales diffusées par les marchands d'épices; les somptueux platanes de l'avenue centrale, l'importance de la circulation due au nombre exceptionnel de voitures particulières, la présence d'un métro, la quantité de magasins artisanaux, alliant avec bonheur le traditionnel et le moderne, tout confère à la ville un cachet qui ne trompe pas sur l'amour que lui portent ses habitants.

Des Russes nous avaient prévenus : en Géorgie, tout le monde est riche. Postulat difficilement admissible pour nos esprits manichéens, qui ne peuvent concevoir l'existence de riches sans son corollaire, les pauvres. Notion bien relative... Après avoir connu la frugalité des magasins russes, la richesse des Géorgiens nous apparut vite dans une image étonnante : un paysan vendant ses pastèques, placidement assis en tailleur sur une montagne de trois ou quatre mètres de ces fruits, énormes et juteux à souhait.

Ici, la terre est très fertile et la tradition du jardin individuel a conservé tous ses droits. Revendus à Moscou, ces produits constituent une source de revenus appréciables, qui permet à leurs bénéficiaires d'améliorer leur niveau de vie, en acquérant au prix fort, auprès d'étrangers ou de Soviétiques en poste à l'extérieur, toutes sortes de denrées rares, et d'avoir le parc automobile le mieux fourni du pays. Cette richesse, disons même cette opulence, est à tel point la marque des Géorgiens que Jean, remplissant un jour son chariot dans un supermarché de quartier, à Moscou, s'est entendu traiter de Géorgien par la caissière; sans doute était-elle peu habituée à voir ses clients acheter en stock pâtes ou boîtes de conserves en raison du nombre encore réduit de voitures particulières, peut-être aussi en raison d'un rapport à la consommation encore bien faible.

Cette épithète dans le langage d'un Russe est lourde de sens : être Géorgien, c'est être riche, vivre mieux et plus facilement alors que « c'est nous qui avons fait la Révolution, nous qui avons construit le pays, nous qui nous sommes sacrifiés pour tous les autres ». Il est vrai que la Géorgie, elle non plus, ne cache pas son mépris pour les Russes dont elle attribue les difficultés matérielles à un manque total d'imagination. Mieux soudés entre eux que leurs voisins d'Arménie, ses habitants donnent l'impression de se démarquer davantage encore des Russes. Mais parce qu'ils ont eu, eux aussi, leurs grands révolutionnaires, c'est plus un air d'autonomie que de refus du socialisme qui souffle dans leurs propos. D'ailleurs n'ont-ils pas donné à l'Union soviétique le « grand sauveur » de la dernière guerre, Staline, dont nous avons eu la surprise de voir le portrait affiché bien en évidence dans divers lieux très passants, magasins, kiosques à journaux, stations-service, et dont la statue orne encore la façade de l'opéra, avenue Roustavéli, la plus animée de la cité.

Dans ce mépris des peuples du Caucase pour les « frères » russes couve aussi le sentiment d'être issu d'une civilisation plus ancienne, plus raffinée, mieux polie. Ainsi le rite du toast provient de Géorgie. C'est une tradition en effet, lors de tout repas qui revêt un caractère solennel, de désigner un « tamada » — sorte de président de séance, généralement le doyen de l'assemblée — qui sera chargé d'assurer le bon déroulement du repas, maintenir la bonne humeur des hôtes, veiller à ce que les verres soient toujours pleins et porter au moment favorable les toasts, discours au langage fleuri sur un thème plein d'esprit, et qui s'achèvera par une levée de verres générale. Le « tamada » n'est jamais ivre, sa fonction revêt un caractère honorifique; et, s'il l'assume dans les règles de l'art, il conquiert à jamais le respect de tous. Les Russes ont dévoyé cette belle coutume : ils ont supprimé le « tamada », et chacun prononce quand cela lui chante un toast improvisé, dont la forme importe peu, l'essentiel étant de boire le plus souvent possible.

Une anecdote illustrant à la fois la conception géorgienne du socialisme et cette tradition nous a été contée : au cours d'un repas officiel, un toast est porté à Guivi, héros de l'humour géorgien.

« Je porte ce toast à Guivi, non pas parce qu'il a deux appartements à Tbilissi et une grande maison à la campagne : chez nous, tout le monde possède cela. Je porte un toast à Guivi, non pas parce qu'il a deux Jigouli * et une Volga ** : chez nous, tout le monde a cela. Je porte un toast à Guivi, non pas parce qu'il entretient une femme et trois maîtresses : chez nous, tout le monde vit ainsi.

« Je porte un toast à Guivi, parce que c'est un véritable communiste. »

C'est aussi pour cette approche peu austère de la notion de socialisme que les Russes jugent sévèrement leurs compatriotes caucasiens.

Le Caucase chargé de tous les maux : pays du bout du monde, pourtant si proche et si présent, qui nous avait

* Jigouli : petite voiture de série sortie des usines construites par Fiat en URSS.
** Volga : véhicule de grosse cylindrée de conception soviétique.

conduits du monument à la bataille de Sardarabad à l'église de Kars, à ce centre de la foi qu'est Etchmiadzine, au lumineux lac Sévan, à la douce Erevan et à la fière Tbilissi...

Dans la mêlée des nationalités, une communauté occupe une place importante : celle des Juifs. On les trouve principalement en Ukraine, Moldavie, Biélorussie, Lituanie et, bien sûr, à Moscou et Leningrad. Les situer dans la société soviétique n'est pas chose simple. La tradition de l'antisémitisme est très ancienne. Les pogroms étaient monnaie courante sous le tsarisme. Mais aujourd'hui? Théoriquement, ils constituent l'une des multiples nationalités de l'Union, au même titre que les autres, et possèdent même une République autonome, dont la capitale est Birobidjan... aux fins fonds de la Sibérie et de l'Extrême-Orient. Si l'existence d'un antisémitisme officiel est une réalité contestée, on ne peut pour autant limiter à des cas particuliers, strictement individuels, les manifestations d'hostilité envers les Juifs. Au cours des dix dernières années, les événements du Proche-Orient et le rôle qu'y a joué l'URSS ont placé bien des Juifs soviétiques dans une situation plus que délicate. Même sans être sionistes, nombre d'entre eux, soit parce qu'ils ont des parents en Israël, soit par attachement à une communauté culturelle, ont mal accepté le soutien de leur pays à l'Égypte et n'ont pas caché leurs sentiments. Il n'en fallait pas plus pour que s'amorce une escalade sans cesse aggravée entre la propagande officielle et les expressions individuelles d'une partie de la population juive.

La propagande officielle, cela signifie l'utilisation de tous les moyens classiques d'information, mais aussi des membres du Parti, des Komsomols, des candidats à ces organisations, bref de tous ceux qui, pour des raisons parfois strictement personnelles, ont intérêt à se distinguer dans leur travail ou leur activité civique. Il s'ensuit un manque de nuance et de précision dont résultent souvent de douloureuses confusions sur lesquelles les dirigeants ou autres détenteurs de pouvoirs ferment pudiquement les yeux.

Comment l'opinion française reçoit-elle les ouvrages soviétiques de propagande? La question fut posée à Jean lors d'une réunion de travail à l'agence Novosti. Après avoir expliqué ce que le pluralisme politique exige de nuances, de rigueur et de souplesse de pensée, Jean mit en cause la confusion de la presse soviétique entre « antisionisme » et « antisémitisme ». L'interprète de service se pencha alors à son oreille pour lui demander : « Et alors, quelle différence y a-t-il entre ces deux termes? »

Pour les Juifs, exprimer un sentiment pro-israélien, de quelque manière que ce soit, c'est prendre le risque de se faire mettre au ban de la société. La chose peut passer inaperçue, une fois, deux fois, mais au-delà, il est bien rare qu'un voisin, un collègue de bureau, ne finisse pas par se sentir obligé de faire son devoir en rapportant les propos à une tierce personne; de fil en aiguille, s'articule le processus de délation : lorsqu'il commence à se sentir jugé par son entourage, le citoyen juif exacerbe son attachement à la patrie ancestrale; lorsqu'il se sent traqué dans son travail, sa vie privée, lorsque certains amis se détournent de lui, il se met à rêver au départ, à la fuite chez ses frères, chez lui. Du jour où il fait sa demande de visa pour Israël, il perd son emploi. Mais le visa n'est généralement délivré qu'après des mois d'attente. Comment vivre alors? On vend petit à petit les meubles, les quelques biens que l'on possède et l'on attend, dans un isolement croissant. Après le départ, tout est possible : l'amitié fidèle par-delà l'histoire et les frontières, l'oubli, mais aussi l'injure. Au cimetière juif de Kichinev, capitale de la Moldavie, nous avons vu des tombes profanées parce que des membres de la famille du défunt avaient émigré en Israël.

Tous les Juifs soviétiques, on s'en doute, n'éprouvent pas pour Israël de sentiment particulier. Les jeunes notamment sont, comme l'on dit, bien assimilés. Par tradition culturelle, les Juifs occupent de nombreux postes dans la médecine, la recherche scientifique, les arts, les lettres — souvent à des échelons élevés. Cette réussite qui tend à les retenir en URSS n'est pas sans irriter. Une de nos amies, excellente traductrice, aux revenus confortables, s'est vue contrainte de déménager parce que son voisin du dessous lui rendait la vie insupportable en utilisant constamment, jour et nuit, ses origines juives comme argument d'insulte. Qu'y faire? Aucun recours, aucune aide possible, les autorités préférant dans ce cas faire la sourde oreille et se réfugier dans des lenteurs administratives qui ne surprennent personne mais découragent.

L'un de nos amis, citoyen soviétique irréprochable, appartenant à la génération de l'après-guerre, d'origine juive, nous demanda, lors de notre départ, de ne lui écrire qu'au nom, très russe, de sa femme. C'est lui également qui, le choix étant possible, préféra donner à ses enfants le nom de famille de leur mère : « On ne sait jamais... »

Une anecdote aussi :

A l'occasion de la fête du 8 mars, fête internationale des femmes, dans une petite ville de province, on annonce que ce jour sera marqué par une distribution gratuite de farine, à neuf heures, au magasin d'alimentation.

Dès sept heures, malgré la neige qui tombe dru, la queue est déjà longue. A neuf heures, rien ne bouge. Dans la file des gens, certains commencent à jeter des regards vers le bout de la rue, guettant le camion tant attendu. A dix heures, une voiture des autorités locales arrive enfin mais pour annoncer avec moult excuses que le camion de farine a pris du retard sur la route, que sa cargaison étant moins importante qu'on l'espérait, il n'y aura pas de farine pour tous et qu'en conséquence, il est préférable que les citoyens juifs s'en retournent d'ores et déjà chez eux. Quelques dizaines d'hommes et de femmes quittent alors la queue. Deux heures s'écoulent encore, la clientèle, prévenue du retard, trompe le temps en échangeant des anecdotes. Puis de nouveau la voiture officielle arrive et, cette fois, c'est pour préciser que le camion sera là vers quatorze heures, mais que, vraiment, le chargement étant bien mince, il serait plus prudent que tous ceux qui ne sont pas membres du Parti cessent d'attendre inutilement. Ainsi fait-on. Seules restent devant le magasin une dizaine de personnes. Vers quatorze heures, ce n'est encore pas le camion attendu qui apparaît, mais la sempiternelle voiture noire. Cette fois son passager, toujours le même, réunit les clients autour de lui et leur confie sur le ton du secret, qu'en fait il n'y aura pas un gramme de farine distribué gratuitement, qu'il ne s'agissait là que d'une action politique destinée à maintenir le moral de la population. Chacun opine du bonnet, montrant ainsi que sa conscience de communiste comprend les choses et s'en retourne chez soi. C'est alors que l'on entend l'un d'entre eux maugréer : « C'est encore les Juifs qui ont été les premiers à profiter de la situation... »

Et pour les pays frères, ceux du camp socialiste, qu'en est-il de cette grande amitié?

Dans ce domaine encore, c'est l'Histoire qui module le sentiment bien plus que tous les slogans. Ainsi la Bulgarie, alliée séculaire et privilégiée, est à peine considérée comme un pays étranger. Le Bulgare n'inspire au Russe aucun sentiment particulier si ce n'est la confiance en sa fidélité à toute épreuve.

Le frère de Varsovie, lui, n'aime pas les Russes. Et il le dit. Son hostilité ancestrale éclate à chaque occasion. Cela n'empêche pas que la Pologne — membre à part entière de la grande famille socialiste — exerce sur les Soviétiques une fascination. On sait bien en URSS que les Polonais sont à la limite de l'Europe occidentale, à laquelle ils accèdent facilement, que la vie culturelle y est plus libre. On peut sans problème y écouter du jazz de qualité, y voir des pièces de théâtre aux mises en scène d'avant-garde, y admirer des affiches au graphisme moderne et recherché.

Le socialisme allemand, lui, ne jouit guère de prestige. Certes, l'on sait que la RDA est économiquement beaucoup mieux nantie que n'importe quel autre pays du camp mais, après tout, ce ne sont que des Allemands et, quels que puissent être leurs mérites, ils ne sont guère aimés.

Quant à la Tchécoslovaquie, c'est un sujet tabou dans bien des milieux, notamment chez les intellectuels et les jeunes générations : à trop écouter les radios étrangères, on finit par entendre sa propre conscience, l'on se dit que l'intervention de 1968 et la normalisation qui suivit n'étaient pas forcément nécessaires. La mauvaise conscience est souvent créatrice d'anecdotes et c'est sans doute elle qui met en scène un Tchèque dans cette histoire soviétique :

« Formule trois vœux, demande-t-on à un vieillard de Prague.

— Le premier c'est que les Chinois envahissent la Tchécoslovaquie.

— Tu es fou! Pourquoi? Enfin, quel est le deuxième?

— Que les Chinois envahissent encore la Tchécoslovaquie.

— Quelle absurdité! Cela ne tient pas debout! Fais bien attention à ce que sera le troisième.

— Que les Chinois envahissent une troisième fois notre pays.

— Mais tu as perdu la raison! Tu as une occasion unique de souhaiter ce qu'il y a de mieux et tu fais trois fois le même vœu stupide! Explique-toi!

— Hé bien, cela fera trois aller-retour des Chinois à travers l'URSS. »

Il convient ici de parler de la peur que les Chinois inspirent aux Soviétiques et notamment aux Russes. Il faut sans doute remonter à Gengis Khan pour trouver la source de ce sentiment à l'égard des Asiatiques en général. La rupture politique n'a guère contribué à améliorer aux yeux du Russe l'image de marque des Chinois : belliqueux, il valait mieux les garder avec soi, passés traîtres, ils deviennent redoutables. Dans maints propos du Soviétique de la rue, nous avons entendu les phrases propres au discours du Français moyen sur le péril jaune : le peuple chinois est trop nombreux, il a besoin d'espace et ne craint pas les guerres, n'étant pas à quelques millions de vies humaines près.

L'animosité est encore plus manifeste à l'égard des Africains. Étudiants pour la plupart, ils résident à Moscou ou dans quelques autres capitales des Républiques. Bénéficiant de bourses d'étude de la part du gouvernement soviétique, mais souvent fils de familles aisées, ils vivent matériellement beaucoup mieux que leurs collègues soviétiques. Voilà le terrain prêt pour permettre au sentiment de jalousie de se développer, entraînant avec lui tous les degrés possibles du racisme.

Que des étudiants noirs chahutent un peu trop bruyamment dans la rue, qu'ils se laissent aller à draguer une Russe, et tous les passants marmonnent alentour sur le degré de civilisation de ces « nègres » même pas reconnaissants de l'aide qu'on leur apporte.

Circulant sur la prestigieuse avenue Lénine nous fûmes télescopés par un véhicule dont le chauffeur était un Noir, employé d'une ambassade africaine. Incident d'autant plus fâcheux que nous venions de terminer un bon repas, ce que l'alcootest risquait de révéler. Les miliciens, amenés à faire le constat d'usage, nous questionnèrent d'abord de fort près, habitués qu'ils sont à déceler les senteurs d'alcool. Nous étions en conséquence certains de perdre quelques heures de formalités, puisque pris en flagrant délit, lorsque nous entendîmes un des miliciens dire : « Ça sent l'alcool, c'est sûrement le nègre. » Nous proposâmes immédiatement à l'interpellé de rétablir la vérité. Mais il nous demanda de partir, habitué qu'il était à ce genre de contrôle; lui, d'ailleurs, n'avait rien à craindre : son alcootest resterait neutre.

Comme toujours il est bien difficile de démêler l'écheveau des facteurs du racisme. Dans quelle mesure le mépris des Russes pour les Noirs, les Arabes ou les peuples d'Asie, ne coïncide-t-il pas avec le fait que ces peuples se trouvent à un niveau de développement économique inférieur au leur? Les Russes, conscients de leurs propres insuffisances, mais aussi de l'aide qu'ils apportent à bon nombre de ces pays en voie de développement, ne peuvent, dans le meilleur des cas, que les considérer avec condescendance. La « trahison chinoise » pèse aussi : comment désormais être certain que notre aide et les sacrifices consentis par chacun d'entre nous ne seront pas vains? Après les Chinois, ce sont les Égyptiens qui nous ont trahis. Que de dépenses engagées pour rien, jusqu'à quand tendrons-nous la joue?

Nous nous trouvions à Moscou lors de la signature des accords de paix sur le Vietnam. La liesse, que nous espérions voir déferler dans les rues, céda le pas à une joie sincère mais mesurée, dont l'expression bruyante ne se manifesta que de façon très organisée et essentiellement sur les lieux de travail. Et si quelques-uns de nos voisins abordèrent quand même cette question dans les papotages du soir, ce fut surtout pour nous témoigner leur soulagement de n'avoir plus à supporter les contrecoups économiques du soutien miiitaire apporté par leur pays au Vietnam.

Et l'on ne saurait passer sous silence les rapports avec les pays occidentaux. Pendant longtemps, les Soviétiques n'ont eu de ceux-ci qu'une image d'Épinal soigneusement entretenue par la propagande. *Germinal, Babbitt* ou *les Raisins de la colère* avaient à jamais schématisé les horreurs du mode de vie et de l'exploitation capitalistes. Un ancien combattant nous raconta que la première entaille à ce tableau avait été commise par les soldats soviétiques revenant de Berlin à la fin de la guerre. Ils racontaient leur surprise d'avoir trouvé, même en des circonstances aussi dramatiques, une ville structurée, dont les magasins, pourtant vides, laissaient imaginer la richesse qu'ils avaient pu contenir. L'abondance des voitures, des moyens de transport, l'infrastructure urbaine, tout allait à l'encontre des images de misère qui avaient été imposées à leurs esprits. Puis la guerre froide passée, les échanges internationaux de tout ordre se développèrent avec l'URSS, de plus en plus de Soviétiques furent amenés à se rendre en Occident, et il fallut bien admettre que le noir du tableau était à nuancer. Actuellement, l'opinion publique n'affirme plus, elle interroge : les compatriotes revenus de « là-bas », les étrangers de passage ou en poste chez eux. Elle prête une oreille attentive à la BBC, la presse, la littérature occidentales.

Néanmoins la propagande soviétique reste dans la plupart des cas maîtresse du jeu.

Une amie, femme cultivée, qui avait voyagé à l'intérieur du camp socialiste et suivait de près les informations concernant le mode de vie occidental, nous dit un jour, avec un soupir compatissant : « Quand même, quel dommage que, dans un pays aussi beau que le vôtre, les enfants soient obligés de travailler dès quatorze ans! »

Alors que nous nous apprêtions à partir pour le Japon, une autre amie nous prodigua mille conseils sur ce que nous devions emporter avec nous : sucre, conserves, potages en sachets, parce que, affirmait-elle, nous ne trouverions là-bas rien à manger.

Le Français reste l'Occidental privilégié au cœur des Soviétiques. Là encore, c'est à une tradition déjà ancienne que remonte cet attachement. La France a conservé la réputation de raffinement, de bon goût et de culture qu'elle s'était acquise au cours des siècles. Si l'on ajoute à cela le prestige que lui confèrent la Révolution de 1789, la Commune, la composition de la Marseillaise, de l'Internationale et le *Paris* d'Yves Montand, on comprend qu'un Français, quelles que soient ses opinions, trouvera toujours chez les Soviétiques des gens pour l'aimer.

A l'autre bout de leur cœur sont les Allemands, dont il semble que, quoi qu'ils fassent, quoi qu'il advienne de leur histoire, ils ne pourront jamais effacer l'image qu'ont laissée d'eux les ravages de la dernière guerre. En deux années de discussions, je n'ai entendu qu'une personne me vanter les qualités des Allemands : ce monsieur ne comprenait pas qu'avec des routes aussi mauvaises que celles que nous avions en France nous puissions avoir besoin d'une voiture individuelle. Je m'insurgeai timidement lorsqu'il me dit qu'il n'était jamais allé chez nous, mais que cela ne l'intéressait pas, car nous étions un peuple de bons à rien, bien trop fantaisistes pour pouvoir construire quoi que ce soit de positif, y compris le socialisme. Par contre, me disait-il, les Allemands et les Japonais, voilà de la graine de vrais révolutionnaires : disciplinés, âpres au travail, c'est eux qui tiennent le bon bout. J'appris à la fin de notre entretien que cet homme était un officier supérieur.

Mais quel que soit le sentiment d'un Russe pour les autres peuples, soviétiques ou non, socialistes ou capitalistes, s'il en a la possibilité, il sera toujours candidat au voyage. Tout déplacement représente dans sa vie quotidienne une bolée d'oxygène. Où qu'il se rende, il part à la découverte d'un monde inconnu.

Et comme pour marquer nettement ce qui le sépare du reste de son univers, sa langue a résumé les lois de la géographie et de l'ethnologie en une expression très courante pour distinguer ce qui est russe de ce qui ne l'est point. Parlant d'un être humain, d'un produit alimentaire, vestimentaire, d'une œuvre d'art, d'une découverte scientifique ou d'un exploit sportif, il les qualifiera selon le cas à l'aide de ces mots « *nach* » et « *nié nach* », littéralement : « nôtre » et « pas nôtre ».

La vitrine et l'arrière-boutique

Trois mots clés dans la bouche de deux cent cinquante millions de personnes : se procurer, déficitaire, importé. Dans cette société, dont d'aucuns laissent entendre qu'elle permet à l'homme de développer au plus haut niveau la réflexion intellectuelle et les plus nobles valeurs morales, il est quelque peu surprenant de voir quelle place occupe dans la vie quotidienne le « comment se procurer ».

Le touriste de passage à Moscou, qui jette un regard dans les grands magasins, peut constater que l'on y trouve de tout, huile, sucre, beurre, saucisson, alcools, pull-overs, manteaux, chaussures, lingerie, livres, disques, bibelots, électrophones, téléviseurs : apparemment rien ne manque. Les villes sont sillonnées de bus, trolleys, trams, métro, taxis. Les hôtels sont immenses, les salles de cinéma ou de théâtre également, les prospectus l'invitant au tourisme lui parlent de stations balnéaires en Crimée et de pistes de ski au Caucase.

Pourtant, une remarque lui vient immédiatement à l'esprit : pourquoi tant de monde dans les magasins de la capitale, tant de cabas et de sacs à dos bourrés à craquer de marchandises? Pourquoi cette foule dans les transports en commun, de telles queues aux stations de taxis, et cette masse de gens qui dorment jour et nuit dans les gares? Tout simplement parce que la capitale est une grande privilégiée ; pour tout dire, on l'appelle la vitrine du pays. Ce qui signifie que l'intérieur de la boutique ne recèle pas autant de trésors, loin s'en faut, et qu'ici convergent tous les paniers à provisions de l'Union.

C'est d'ailleurs ce qui explique en partie l'hostilité des Moscovites pour les visiteurs de province. Vivre dans la capitale n'est pas un moindre avantage; certains vont même jusqu'à contracter des mariages blancs avec des habitants de Moscou pour obtenir le droit de s'y installer; autrement, il faut une autorisation spéciale que les autorités n'accordent que parcimonieusement. Une fois ce privilège acquis, on tolère mal de le partager, de partager surtout le bénéfice de la très relative abondance des magasins. Ceux du centre sont en permanence dévastés par les cohortes de provinciaux qui viennent renouveler leur stock d'épicerie ou s'habiller pour l'hiver. L'insuffisance engendre d'ailleurs un cercle vicieux : n'étant jamais sûrs de retrouver le lendemain les trésors d'un jour, les Soviétiques ont tendance à tout stocker — comment oublier le tableau désopilant de notre voisin, officier, en uniforme, regagnant son domicile, une vingtaine de rouleaux de papier hygiénique débordant de sa très sérieuse sacoche officielle. Le processus de pénurie engendre ainsi lui-même sa propre aggravation.

Lors d'un retour de Leningrad, nous nous sommes arrêtés en fin d'après-midi à Prolétary, petite ville vivant autour de son usine de faïence. Les ouvriers quittaient leur travail et se dirigeaient vers le magasin d'alimentation. Curieux de voir ce qui s'y vendait, nous entrâmes aussi. Au rayon des produits laitiers, subsistaient un morceau de fromage et quelques bouteilles de lait; le rayon charcuterie était vide, de même celui de la viande; seuls quelques oignons et carottes grisâtres traînaient au fond de grandes caisses. Les ouvriers entraient là, jetaient un œil blasé à ces étalages et se dirigeaient vers deux points : celui de la boulangerie où une pancarte annonçait que la vente du pain était limitée à cinq cents grammes par personne, et celui des alcools où les bouteilles de vodka se vendaient à qui mieux mieux. Soucieuse de notre propre pique-nique, je demandai à une vendeuse s'il y avait un autre magasin d'alimentation dans la ville; croyant peut-être que j'ironisais, elle me répondit d'un ton peu amène : « Pourquoi me demandez-vous cela? Vous savez bien que non. »

La pénurie totale de viande, de choux, de pommes de terre — légumes de base de l'alimentation russe — est un phénomène courant dès que l'on quitte les portes de la capitale. Il n'est pas rare que de grandes villes comme Leningrad, Voronèje, Novgorod, Gorki, etc., connaissent aussi cette pénurie. En deux ans, nous avons couvert des milliers de kilomètres avec notre voiture pour aider, tantôt des amis arméniens à acheter des dizaines de kilos d'oranges pour eux-mêmes et pour leur entourage d'Erevan, tantôt des visiteurs moldaves à s'approvisionner en une centaine de boîtes de sardines pour un repas de noces, tantôt des hôtes de province à regagner la gare chargés de choux, de vin, de pommes, de saucisson ou de dentifrice.

Il nous arriva de nous précipiter dans plusieurs magasins après avoir été informés par téléphone d'un arrivage de haricots verts en bocaux, importés de Hongrie, et d'en stocker pour deux ans. Bien nous en prit : plus jamais durant cette période une telle occasion ne se renouvela. De même, avons-nous vidé de tous ses pots de moutarde un magasin de Leningrad parce que cette denrée était devenue introuvable à Moscou, et qu'elle représentait un somptueux cadeau.

Lorsqu'on interroge les gens sur cet état de fait, les réponses sont extrêmement variées, jamais globales et tendent à isoler chaque domaine de la pénurie dans un schéma particulier, circonstanciel, voire exceptionnel. Ils ne font que reprendre les explications que leur fournissent régulièrement les médias.

S'il n'y a pas de moutarde à Moscou, c'est parce que l'usine a brûlé et qu'elle est en cours de réfection; s'il n'y a pas de légumes, c'est parce que le mauvais temps ne permet pas l'approvisionnement aérien; pas de viande, c'est parce qu'une épidémie vient de toucher le bétail, etc.

Mais les personnes liées à la production ou à la distribution, ou plus simplement l'homme de la rue attaché à son propre jugement, fournissent des réponses moins superficielles, de caractère plus général.

Comme nous nous étonnions auprès d'un ami moldave de la difficulté à trouver des tomates dans son pays en plein mois d'août, il nous répondit que, quelques jours plus tôt, visitant sur place un kolkhoze pour des raisons professionnelles, il en avait vu pourrir des tonnes faute de camions pour les transporter. Ce même ami m'expliqua comment certains kolkhoziens laissaient se détériorer leurs cultures : les paysans utilisent mal les engrais ou ne les emploient pas du tout par méfiance envers les produits chimiques. Le laisser-aller, l'insouciance, sont l'explication de fond la plus plausible que l'on donne au phénomène de pénurie, à cette espèce d'économie de guerre.

Pendant longtemps, nous avons cru que les chaussures étrangères se vendaient à prix d'or à cause de la pénurie. Mais, au fil des semaines et de nos découvertes, nous nous sommes aperçus que tous les magasins de chaussures étaient plutôt correctement approvisionnés en produits soviétiques, mais que ceux-ci étaient démodés, sans goût. Nous avons posé la question : pourquoi fabrique-t-on des chaussures aussi laides lorsqu'on connaît l'attrait des Soviétiques pour les modèles occidentaux? Pourquoi ne pas les copier? Il nous fut répondu que les responsables se soucient fort peu du goût des gens : ils ont un plan quantitatif à remplir; quant au reste...

Un jour, dans un grand magasin de Moscou, nous découvrîmes tout un stock d'imperméables en nylon comme les Italiens en avaient répandu sur le marché dans les années soixante. Or, les Soviétiques avaient raffolé de ce type de vêtements à l'époque. Ils les achetaient aux étrangers ou au marché noir à des prix astronomiques. Ici, ces imperméables étaient de fabrication soviétique, et du modèle recherché, mais visiblement n'attiraient pas la clientèle, bien que soldés. On nous expliqua que, lorsque les autorités compétentes décidèrent de les produire, et lorsque les structures de production se trouvèrent mises en place, la mode avait, entre-temps, changé. Sortis trop tard par millions des usines soviétiques, ces imperméables finiraient un jour au Vietnam ou en Corée.

L'inadaptation de l'industrie et de la distribution aux besoins de la clientèle est un phénomène permanent de la société soviétique, et la situation relève autant de l'incurie des responsables et des travailleurs que d'une réelle déficience économique au niveau des matières premières ou des finances.

Que le pays produise d'excellents appareils photos, relativement bon marché, est à mettre à son actif. Mais que nombreux soient ceux qui possèdent des agrandisseurs et tout le matériel de développement nécessaire, c'est une chose; que les bonnes pellicules ou le bon papier photo soviétique soient inexistants, en est une autre.

En échange de son aide économique et militaire, l'URSS reçoit de Cuba du sucre et des cigares. Mais peu appréciés des Soviétiques, les cigares se dessèchent et dépérissent dans les magasins; des camarades cubains nous diront malicieusement : « Chez nous, ces cigares se vendent au marché noir alors que les chasse-neige ne nous sont d'aucune utilité! »

Absurdités en cascade...

Un blue-jean américain se paie jusqu'à un mois de salaire. Le blue-jean soviétique, lui, est si mal coupé, qu'il ne trouve pas ou peu d'acheteurs — sinon les kolkhoziens ou les jeunes sans argent.

Le touriste qui s'émerveille des quelque six mille chambres de l'hôtel Rossia de Moscou a rarement l'occasion de se promener la nuit dans un hall de gare et d'y voir le spectacle hallucinant de centaines de personnes couchées tant bien que mal, sur des bancs, à même le sol, dans la poussière, les odeurs de tabac, les relents de nourriture, d'alcool, et la puanteur des toilettes comme toujours en nombre insuffisant et trop rarement entretenues. En fait, ni la capitale ni aucune des grandes villes de province ne sont suffisamment équipées en hôtellerie pour répondre aux besoins de la population. Le problème est le même pour les spectacles, les équipements des stations balnéaires; les quelques stations de ski du Caucase profitent avant tout aux étrangers, aux sportifs professionnels et à la progéniture des grands du pays.

Absurdité également de cette loi qui interdit aux automobilistes d'utiliser un véhicule sale, alors que le pays ne connaît que neige et pluie pendant une dizaine de mois, donc de boue, et que les stations de lavage sont pratiquement inexistantes; et, surtout, l'angoisse de ceux dont la voiture a été éraflée, cabossée, car pour la faire remettre en état, il faut fournir un constat de police que l'intéressé n'est évidemment pas toujours en mesure de produire. Or, dans ce cas également, il est passible de contravention pour utilisation d'un véhicule défectueux. On dit généralement que le propriétaire d'une voiture est un citoyen privilégié. On oublie de mentionner qu'il est pris en permanence dans un cercle infernal : impossible — ou presque — de s'approvisionner normalement en pièces détachées, roues, pneus, pare-brise, essuie-glace; s'il veut pouvoir utiliser son véhicule à plein temps, il lui faudra tôt ou tard se mettre en rapport avec l'un des multiples réseaux de distribution parallèle. En effet, les grands magasins de pièces détachées sont en permanence pris d'assaut par des spécialistes qui achètent tous les arrivages, les stockent et guettent le moment favorable pour les revendre en disposant de correspondants à travers tout le pays. Ainsi, avec beaucoup d'argent et de relations, l'automobiliste trouvera dans les quarante-huit heures la pièce qu'il recherche.

Si, parfois, un effort est tenté dans le sens de la simplification, de la rationalisation des tâches quotidiennes, immanquablement cet effort accroche quelque part, butte contre un mur.

Pour tout achat, il faut, dans les magasins traditionnels, annoncer à la caisse le numéro du rayon qui vend l'article de votre choix et le prix de celui-ci. Muni du ticket de caisse, vous allez ensuite chercher l'article au rayon en question. On le comprend aisément, aux heures de pointe, ces deux démarches représentent deux attentes dans deux queues différentes et l'achat d'un pain à dix-huit heures nécessite parfois jusqu'à trente minutes. Mais dans les nouveaux supermarchés de quartiers, quelle aubaine! on remplit un panier ou un chariot, puis on se dirige directement vers la caisse enregistreuse dernier cri. Mais, curieusement, la perte de temps est identique : en effet, l'administration place derrière la caissière une contrôleuse, généralement une femme d'un certain âge, qui arrondit ainsi une pension de retraite trop modeste, et qui, armée du traditionnel boulier, vérifie, d'une part, que la caissière ne s'est trompée ni dans le nombre ni dans le prix des articles et, d'autre part, que la machine n'a pas commis d'erreur de calcul...

Mais le comble de l'absurde est sans doute atteint avec le système de consigne des bouteilles.

Chaque contenant en verre — pot de yaourt, de crème fraîche, bouteilles de lait, d'eau minérale, de vin, de vodka, d'huile — est d'un modèle particulier et vaut une somme non négligeable. Ainsi, le prix d'une bouteille pleine d'eau minérale représente à peine plus que celui de la bouteille vide. Mais l'on ne peut rendre les bouteilles au fur et à mesure qu'on en rachète. Il existe dans chaque quartier des « points de consigne » aux horaires de fonctionnement très capricieux et qui n'acceptent chacun qu'une catégorie précise de contenants; par exemple, il n'est pas possible de rendre au même endroit les bouteilles de vin et celles de lait. La complexité de ce système est telle que la plupart des gens stockent durant plusieurs semaines les bouteilles vides sur leur balcon et décident un jour de consacrer quelques heures à cette tâche. Ainsi les dimanches matins, bien des pères de famille se harnachent d'un sac à dos tintinnabulant et partent avec leur enfant à l'assaut de la file d'attente du point de consigne le plus proche. C'est souvent d'ailleurs à la fin de la quinzaine ou du mois, juste avant qu'arrive le salaire, que prend place cette importante activité, son produit étant destiné à joindre les deux bouts. Quelque peu abasourdis par cette tortueuse organisation, nous en discutâmes avec un ami occupant un poste élevé dans la recherche scientifique et qui se livrait, deux matinées par mois, à cette occupation.

« La plupart des gens, me dit-il, ne se posent pas de questions et n'imaginent même pas que les choses puissent se faire autrement. On les a si bien habitués à passer une partie de leur vie dans les dédales de la bureaucratie qu'ils ne remettent pas en cause ce genre de structure. Si c'est ainsi qu'en a décidé notre gouvernement, c'est que l'on ne pouvait faire autrement et c'est donc bien. Mais pour nous, ceux que l'on appelle les intellectuels, il ne fait pas de doute que ce type d'organisation est volontairement maintenu : plus l'on consacre de temps à ce genre de choses, moins on le passe à d'autres, qui risqueraient d'être dangereuses : lorsque je perds un dimanche matin ici, à bavarder avec mon fils, je ne discute pas avec mes amis, ni même avec ma femme, je suis moins porté à la réflexion et donc à la contestation.

— Mais au contraire, m'étonnai-je, ce genre de situation pousse bien davantage à l'indignation!

— Bien sûr, mais je la garde pour moi, en moi, je n'ai aucun moyen d'en contaminer les autres, je ne peux provoquer de manifestation ni écrire d'article dans la presse. L'essentiel pour notre gouvernement est de nous faire perdre le plus de temps possible, de faire en sorte que notre temps libre le soit en fait le moins possible. »

C'est peut-être ce jour-là que nous comprîmes pourquoi Kafka était introuvable dans les librairies!

Il serait pourtant injuste de passer sous silence l'un des moments heureux de la vie du consommateur : le dernier jour du mois. Alors, pour être sûrs de réaliser entièrement leur plan de travail, les magasins proposent à la clientèle des lots composés d'un article habituellement déficitaire — citrons, mandarines, jus d'orange, boîtes de poissons à l'huile, bonbons ou chocolats « Écureuil » ou « Ours Micha dans le Nord » que l'on ne trouve d'ordinaire que dans les buffets de théâtre — et d'un ou deux articles invendables, tels que des paquets de biscuits durs comme des rations de guerre, des blocs de petits bonbons collés entre eux ou de minuscules pommes fripées.

Qui plus est, ce jour-là, stimulées par l'éventualité d'une prime si le plan est dépassé, les vendeuses poussent l'effort jusqu'à devenir aimables, voire prévenantes. La ville ressemble en ces fins de mois à une gigantesque kermesse où, moyennant un bon effort de marche à pied, on peut trouver quelques pochettes-surprises qui semblent récompenser le citoyen pour son endurance face à l'adversité qu'il a connue durant les vingt-neuf jours précédents.

Nous étions persuadés qu'un certain nombre d'acquis sociaux étaient à jamais l'un des triomphes du socialisme soviétique. Nous fûmes particulièrement émus de découvrir que même la médecine n'échappait pas à cette situation de pénurie.

Lors d'une série d'examens médicaux, on constata chez notre fille une insuffisance de globules rouges; les seuls conseils du pédiatre furent : « Donnez-lui le plus possible de foie et des grenades. » Or, nous savions que le foie est une denrée très rare et que les grenades ne se vendent qu'au marché kolkhozien, à des prix prohibitifs; de plus, nous approchions de l'hiver, époque où de tels fruits devenaient des produits de grand luxe, difficiles à trouver — il faut se rendre tôt le matin dans plusieurs marchés de la ville. Le médecin ne cacha pas son indignation lorsque je lui demandai s'il n'était pas possible de trouver un traitement chimiothérapique. Je crus d'abord que cette indignation provenait de sa volonté d'utiliser au maximum des produits naturels. J'appris par la suite d'une amie médecin que certains médicaments étaient si insuffisants à l'échelle du pays qu'on les réservait aux cas les plus graves... ou les mieux favorisés.

C'est exactement la même réponse que je reçus quand, une autre fois, je demandai pour ma fille un traitement à base de gammaglobuline. Aussi se fait-on parvenir de l'étranger certains médicaments : une abondance de courrier et de coups de téléphone finiront toujours par mettre le demandeur sur la piste de l'ami d'un ami qui doit se rendre dans tel pays et qui pourra, à condition toutefois d'accepter d'enfreindre la loi, rapporter le précieux médicament — en effet, cela est rigoureusement interdit sous prétexte d'éviter trafic et marché noir: ainsi un malade n'aurait aucun recours .face aux déficiences de la production.

Quand des scientifiques étrangers sont amenés à visiter le très respectable hôpital Botkine de Moscou, sans doute n'ont-ils jamais le loisir de se rendre jusqu'au pavillon situé à l'autre bout de la cour; sa fonction même le rend difficile d'accès. Il s'agit du pavillon des malades contagieux.

Ici, chaque malade dispose d'une chambre et son lien avec l'extérieur dépend de deux fenêtres : l'une donne sur la cour et lui permet de voir les visiteurs, l'autre, sans rideau, donne sur un couloir où passe le personnel. Or, les toilettes se trouvent dans la chambre même, à la vue donc des infirmières et des médecins. Nous avons eu bien du mal à leur faire comprendre qu'un ami français, hospitalisé là, aurait les intestins bloqués aussi longtemps qu'on ne le sortirait pas de cette chambre. Luxe bourgeois ou phénomène de culture différente, pensions-nous, honteux de notre propre pudeur. Mais nous ouvrant de ce problème à des proches, nous pûmes nous convaincre qu'il était le même pour eux, que toutes leurs expériences hospitalières les avaient confrontés à un insupportable mépris de l'individu et de ses plus élémentaires composantes psychologiques.

Quant au charme du lieu et au repos que peut y trouver le malade, il y a de quoi rester songeur : les locaux sont extrêmement vétustes, les murs rafistolés tant bien que mal à chaque samedi communiste annuel, et le seul visiteur à l'aise, le cafard, qui ne se prive pas de promenade autour du lit et du lavabo.

Jean eut l'occasion d'expérimenter ces lieux en des circonstances pour le moins inattendues : soigné à la maison pour une grippe, il fut couvert de grosses plaques rouges après avoir pris des antibiotiques. Le médecin ordonna immédiatement l'hospitalisation, sans aucun diagnostic. A l'hôpital, le médecin militaire qui assurait la garde décela une scarlatine. Jean resterait au pavillon de quarantaine jusqu'à une date indéterminée. Puis ordre me fut donné de veiller à ce que, dès le lendemain, tout notre immeuble soit désinfecté par les services compétents... que je ne pus jamais joindre.

Mais la fièvre ne baissait pas et il fut décidé d'examiner les poumons du malade. C'est ainsi que, par un froid de moins de vingt degrés, je trouvai mon mari tremblant, errant dans les jardins de l'hôpital et cherchant vainement la salle de radioscopie où on l'avait expédié sans l'accompagner.

Quand, enfin, on s'aperçut que la scarlatine n'était qu'une allergie aux antibiotiques, il fallut supplier pour que le malade puisse bénéficier d'une faveur spéciale et n'ait pas à remplir les formalités administratives qui auraient dû le retenir vingt-quatre heures de plus.

Aujourd'hui, lorsque des médecins français de retour d'URSS nous vantent la propreté, le modernisme des hôpitaux de Moscou, la qualité de leurs soins, nous ne pouvons nous empêcher de penser à cet épisode de l'histoire russe où le ministre Potemkine faisait visiter à son impératrice Catherine des villages en décor de théâtre, dont seule la rue centrale était nettoyée, entretenue et parsemée d'habitants habillés pour la circonstance...

On a trop souvent dit et écrit que l'âme slave est apte à tout supporter et qu'elle se complaît à subir les difficultés de l'existence sans s'insurger. Heureusement, les Soviétiques pallient de mille et une manières la pénurie, contournent la loi et nous interdisent ainsi de parler trop facilement de leur propension à la passivité.

En URSS, non seulement les lois de l'offre et de la demande existent, mais elles s'exacerbent à travers tout un réseau où le système D, le trafic, le vol et toutes sortes de marchés parallèles ont leur place. Ainsi, par exemple, la pratique du pot-de-vin.

Notre fille supporta mal au début le climat trop humide de Moscou, et les praticiens de notre polyclinique se révélèrent incapables d'établir un diagnostic aussi bien que de venir à bout d'une bronchite persistante. Devant notre désarroi, on nous conseilla un spécialiste auprès duquel nous fûmes introduits par un réseau complexe de relations personnelles. A l'image de tous ses confrères, il était très sollicité, et obtenir un rendez-vous dans des délais rapides relevait d'une faveur très spéciale. Comme nous étions un peu gênés d'être la cause de tant de dérangements, on nous mit à l'aise : « Mais non, ce n'est rien, simplement n'oubliez pas que vous êtes français et qu'il y a chez vous d'excellents cognacs qu'il apprécie sûrement, et des parfums réputés pour sa femme. »

La République de Russie se flatte d'être peu contaminée par ces pratiques. Peut-être... Dans d'autres régions, et surtout dans les Républiques du Caucase, il n'est pas pensable de pouvoir faire appel à certains spécialistes sans en passer par quelques belles liasses de billets. Un ami russe, qui avait travaillé en Azerbaïdjan, gardait le souvenir d'une crise d'appendicite qui avait failli coûter la vie à son fils parce qu'il refusait de verser la centaine de roubles de la main à la main qu'exigeait le chirurgien; de fait, celui-ci ne pratiqua l'opération qu'*in extremis*, lorsqu'il reçut la somme exigée que l'infortuné père avait finit par lui verser, convaincu par son entourage que ce pourboire était inévitable.

Les soins dentaires font aussi l'objet de pratiques qui réduisent à peu de chose le fameux mythe de la gratuité. Pour prétendre à la qualité des soins, il est recommandé d'utiliser les cabinets personnalisés de préférence aux polycliniques d'État, et d'avoir beaucoup d'argent derrière soi. Pour ce faire, ici aussi, on a recours à la valeur suprême, universelle, le métal jaune, dont on est sûr que jamais il ne vous trahira.

A ce propos, comment oublier la déconvenue de cet ami, communiste français en tourisme à Moscou, qui me demandait de lui expliquer pourquoi il y avait une telle queue devant une bijouterie? Le plus simple fut d'interroger les clients eux-mêmes : le magasin venait de recevoir des bagues en or. Le rouble n'étant pas une monnaie convertible, ce métal est très recherché ; lui seul représente une valeur sûre, stable, toujours monnayable, à l'intérieur comme à l'extérieur des frontières. Seuls les jeunes mariés peuvent acquérir une alliance en or ; sinon il faut des trésors d'ingéniosité et de relations pour se procurer de tels bijoux.

« Mais pourtant, s'étonnait cet ami, je pensais que le socialisme avait déboulonné cette valeur, symbole pour nous du capitalisme. » Un Soviétique francophone lui rétorqua par la suite : « Quand on ne veut ni voler ni trafiquer, le seul moyen légal de se protéger contre toutes les carences possibles, c'est d'acheter de l'or. Avec ça, on pourra toujours faire quelque chose, même chez nous. »

Étant donné la superficie du pays et le mouvement considérable des populations, chacun est lié à un ailleurs, c'est-à-dire à une autre République de l'Union, par un parent, direct ou lointain. Or, il y a toujours dans cet ailleurs quelque produit alimentaire, vestimentaire, culturel, inaccessible là où l'on se trouve. Ainsi, parallèlement aux circuits normaux de distribution, s'en est créé un autre, de parent à parent, d'ami à ami. Ici, le troc « déboulonne » les pratiques qui choquaient cet ami communiste, et permet de parer aux carences du système.

En échange de colis d'oranges, nous recevions d'Arménie des conserves d'aubergines, de tomates, des feuilles de vigne au sel.

Un Moscovite nous supplia de le mettre en rapport avec une de nos connaissances moldaves car il avait entendu dire que, là-bas, on pouvait encore trouver dans les librairies de grands classiques de la littérature étrangère. En contrepartie des ouvrages reçus, il envoya des boîtes de sardines. Et l'habitude fut prise : l'un et l'autre continuent leur troc au rythme des trouvailles dans les librairies moldaves.

Tout ceci explique pourquoi les bureaux de poste sont toujours envahis.

Dans ce contexte, chacun cherche toujours une monnaie d'échange. Lorsqu'une entreprise accueille un ingénieur, simple employé ou directeur en déplacement, elle sait par avance que ses horaires de travail se trouveront réduits car, immanquablement, il souhaitera consacrer quelques heures à sillonner les magasins de la ville. Chacun a vécu cette situation et nul ne se formalise de ces heures prises sur le temps de travail.

L'échange de bons procédés est sans doute l'une des facettes les plus importantes du prisme de la débrouille. Dès que vous êtes en mesure de rendre des services ou de fournir des produits déficitaires, vous êtes entouré d'autres personnes qui ont elles aussi quelque chose à vous proposer.

Nous avions sympathisé avec des voisins — un jeune couple — et je proposai un jour à la femme quelques vêtements français en bon état que nos enfants ne portaient plus. Elle accepta immédiatement, sans réticence, ravie de l'offre, ce qui me surprit car j'avais proposé à plusieurs de nos amies ces vêtements et toutes avaient refusé, avec une gêne que je n'avais pas comprise. Dès le lendemain, elle vint m'apporter deux pots de caviar, denrée introuvable, jamais exposée à la convoitise des clients. Elle m'expliqua alors qu'elle travaillait dans un grand magasin d'alimentation et qu'il était bien naturel qu'elle me rende ce service en échange des pulls et anoraks que je lui avais donnés. Je lui dis que je n'attendais rien de sa part, que chez nous les mères de familles ne jetaient pas les vêtements des enfants mais trouvaient toujours quelqu'un à qui les offrir. « Et bien moi, je n'aurais pas pu les accepter si je n'avais pas eu la certitude de pouvoir vous remercier d'une manière ou d'une autre. Jamais ma fille n'a eu de si beaux vêtements. » Je compris alors le refus de mes autres amies, avec qui j'entretenais pourtant des relations très intimes : elles n'avaient aucune monnaie d'échange pour me remercier.

Les vendeurs de magasins sont, bien évidemment, des relations à entretenir : ils sont en mesure de mettre de côté toutes sortes de produits déficitaires et recherchés. Je me plaignis un jour à une voisine de ne pouvoir jamais trouver de billets pour les spectacles les plus intéressants. « Tu n'es pas très maligne, me dit-elle. Va voir la femme du kiosque à billets de notre station de métro. Je la connais, c'est une élégante. Tu lui expliques que tu es française, et que tu peux lui fournir des soutiens-gorge et des parfums; elle t'aura en échange les meilleures places partout. Vous, les communistes français, vous êtes stupides, vous appelez cela faire du trafic, quand c'est tout simplement rendre service. »

Système rigoureux, qui respecte ses lois jusqu'au scrupule. C'est à cette même voisine que, revenant d'un court séjour en France, nous avions rapporté diverses commandes qu'elle nous avait passées. Au moment des comptes, elle tint absolument à nous payer, et à le faire, malgré notre indignation, au cours du marché noir, c'est-à-dire la somme réelle multipliée par cinq.

Tout se paie et, à l'exclusion des relations entre parents et amis, la notion d'aide désintéressée n'appartient qu'au langage officiel, quand sont évoqués les rapports avec l'URSS et les pays en voie de développement.

En ville comme à la campagne, pour pallier l'insuffisance des moyens de transports, l'auto-stop est une pratique courante. Peu après notre installation, nous roulions en voiture, lorsque deux hommes au teint cuivré, chargés de paquets, visiblement en transit dans la capitale, nous firent signe d'arrêter. Ils se rendaient à la gare, située à quatre ou cinq kilomètres de là. Cela tombait bien : c'était sur notre chemin. A la gare, nous leur souhaitons bon voyage. Quand — ô surprise — ils nous tendent un billet de un rouble. Insistent devant notre refus. Jettent alors sur le siège un billet de trois roubles. Et sortent furieux en claquant la portière. L'un crache par terre. Nous comprenons leur méprise : ici, le stop gratuit n'existe pas; si nous avons refusé leur billet de un rouble, c'est que nous considérions la somme insuffisante.

La leçon resta gravée : à l'avenir, ne plus jamais refuser que les auto-stoppeurs paient leur trajet, mais, nous-mêmes, ne jamais attendre non plus que l'on nous rende de service sans contrepartie.

Mais les défaillances du système entraînent des maux autrement plus graves. Cortège quotidien : la petite escroquerie précède le vol; et la corruption des hauts fonctionnaires existe.

Le procès de deux filous de Leningrad alimentait les conversations à l'époque de notre séjour. Avant d'être démasqués, ces deux jeunes gens avaient vécu durant plusieurs années vêtus au dernier cri et roulant carrosse. L'escroquerie qui les avait si bien enrichis consistait simplement à passer chez les habitants en se prétendant employés des services du gaz. Afin de tester les installations dans les appartements, ils demandaient aux locataires de leur prêter une bouteille vide, qu'ils omettaient de rendre. Ils ramassaient ainsi chaque jour une centaine de bouteilles dont le remboursement leur garantissait une solide cagnotte.

Le soir, tout automobiliste prendra la précaution de démonter les essuie-glaces de son véhicule. Il s'étonnera à peine de voir un matin sa voiture montée sur trois roues ou, même, entièrement posée sur cales. Les spécialistes du pare-brise, eux, opèrent à l'aide de ventouses.

La presse dénonce régulièrement les vols dans les entreprises. Produits alimentaires, textiles, pièces de voiture, il n'est pas une usine, pas un dépôt qui ne connaisse ce problème. Un article de la *Pravda* nous apprit comment, dans une fabrique de confiserie, une ouvrière avait l'habitude de cacher dans son opulent chignon des bonbons au chocolat très recherchés des Soviétiques.

Et quand la presse dénonce, les ouvriers sont censés réagir. Mais rien ne change, et un ami nous raconta ce que les médias ne sont pas près de diffuser.

Son frère travaillait comme manutentionnaire dans une fabrique de conserves en Géorgie. Il gagnait peu, avait à charge une femme et deux enfants. Un beau jour, l'un de ses supérieurs lui proposa, moyennant rémunération, de sortir à son intention des caisses entières de conserves. Il accepta et le manège dura quelques années. Mais un jour, le pot aux roses fut découvert. Le responsable pour qui volait le frère de notre ami occupait un poste important dans la hiérarchie locale du Parti : on s'arrangea pour le muter quelque temps dans une autre ville afin de ne pas ternir l'honneur de la caste. Mais le « voleur », lui, fut condamné à quinze ans de prison.

Les chauffeurs — de taxis ou de voitures officielles — participent à leur manière à cette entreprise générale de filouterie. Tous les ministères, toutes les administrations ont à leur disposition un certain nombre de voitures et de chauffeurs. A Moscou, leur nombre est évalué entre vingt mille et trente mille. Ces chauffeurs de maître sont toute la journée à la disposition de leurs patrons-bureaucrates qu'ils accompagnent au travail. Ensuite, ils aident Madame à faire ses courses, conduisent les enfants à l'école et s'en retournent attendre devant le bureau, l'administration ou le ministère.

L'attente peut durer de longs moments, parfois la journée entière, jusqu'au retour du soir. Spectacle stupéfiant que celui de ces jeunes gens, en pleine force de l'âge, en train de dormir des heures entières dans une voiture. Curieuse impression, aussi, dans un pays qui se plaint de manquer de main-d'œuvre, qui prétend pousser chacun à un niveau d'études supérieur et qui se vante de ne pas connaître le chômage. Mais tous ne passent pas leur journée à sommeiller; bien souvent, en bons libéraux, leurs patrons leur donnent congé pour quelques heures. Alors, ils répondent à la demande des piétons pressés. Naturellement, le service se paie jusqu'à trois ou quatre fois le prix normal. Cela double ou triple d'autant mieux leur salaire mensuel que leurs frais d'essence sont à la charge de l'État.

Les chauffeurs de taxi ne sont pas en reste. En fin de journée, beaucoup prétendent que leur garage est situé dans une direction opposée à celle qu'on leur demande; ils imposent en conséquence un prix arbitraire. Il nous est arrivé de faire mine d'accepter, puis de refuser au dernier moment de payer autre chose que le prix affiché : le chauffeur nous insulta mais n'insista pas. Pourtant, rarissimes sont les Soviétiques qui réagissent ainsi. La chose est entrée dans les mœurs. On ne conteste plus. Il faut bien que chacun puisse vivre.

Par une nuit d'hiver, nous trouvant sans voiture à l'aéroport, nous fûmes abordés discrètement par un homme qui nous proposa de nous ramener à Moscou, pour une somme n'excédant pas le coût du taxi. Il s'agissait d'un chauffeur de car de tourisme qui avait terminé sa journée et qui entendait bien se remplir les poches sur le chemin du retour. Nous refusâmes, rendus inquiets par le ton pressant du chauffeur. Quelques minutes plus tard, le car, complet, démarrait sous nos yeux.

Pourtant les multiples carences des services publics ne nous ont pas toujours laissés amers. Dans un domaine au moins nous avons été gagnants. Nous étant rapidement tissé un réseau d'amis à travers le pays, notre adresse avait circulé des uns aux autres. On savait que près du métro Préobrajenskaïa, chez des jeunes Français, un canapé convertible permettait toujours de passer la nuit. De fait, notre salle à manger et notre entrée furent rarement inoccupées. Les amis des amis de nos amis de Leningrad, Kiev, Voronèje, Tbilissi ou Erevan venaient directement chez nous, parfois même sans prévenir. Jamais nous n'avons refusé d'héberger ces hôtes d'un ou deux jours, venus à Moscou pour raisons professionnelles ou pour y faire des emplettes. La seule monnaie d'échange que nous attendions d'eux était de ne pas fuir nos interrogations sur leur vie, de ne pas éluder les questions parfois embarrassantes que nous soufflait notre avidité d'en savoir toujours plus pour mieux comprendre. Et jamais ces rencontres de hasard ne nous ont déçus, ni dans la qualité des relations ni dans celle des dialogues. Le soir, autour des inévitables bouteilles, d'une cuisine franco-russe — chacun tenant à faire valoir ses talents — et sur un fond musical, les langues allaient bon train.

Nous pûmes ainsi assister à de violentes discussions entre des Juifs nous expliquant leurs inquiétudes devant la montée de l'antisémitisme et d'autres proclamant bien haut leur parfaite intégration à la société soviétique.

Des Arméniens évoquèrent leur vie de géologues et leurs expéditions au Kamtchatka, loin des vicissitudes de la vie dans les grandes villes. Cet appartement nous offrit aussi le spectacle d'hôtes géorgiens guettant impatiemment notre retour du travail pour nous entraîner mystérieusement vers la salle de bains où, dans la baignoire. quelques carpes miraculeuses nageaient avant de tomber dans nos assiettes.

Tous ces souvenirs s'entremêlent dans nos mémoires et tissent la toile de fond la plus chaleureuse, la plus vivante de ces deux années.

L'insolite cosmopolitisme de notre appartement atteignit son apogée au cours du passage d'amis monégasques. Comme chacun ne le sait pas, la principauté n'a pas reconnu l'État soviétique et de ce fait n'entretient pas avec lui de relations diplomatiques. Or, à l'occasion d'un concours international de jazz qu'elle avait organisée, elle reçut, par des voies très clandestines, l'œuvre d'un jeune compositeur letton, qui s'avéra la meilleure du cru. C'est ainsi que nos invités s'étaient trouvés chargés par le prince de remettre à l'heureux lauréat le prix mérité. Nous avions avisé le jeune musicien par téléphone. Il avait mis un certain temps avant d'en croire ses oreilles, puis s'était décidé à faire le voyage jusqu'à Moscou pour assister à la cérémonie couronnant son succès. Le cocktail eut lieu dans notre appartement.

Entre une affiche de la tour Eiffel et le poster de Prague laissé par nos prédécesseurs, il reçut officiellement quelques coffrets de disques de la part de son Altesse sérénissime le prince de Monaco, prononça un discours de remerciements très officiel à en juger par le ton, mais dont la teneur nous échappa, car il eut à cœur de le proclamer dans sa langue maternelle, refusant obstinément d'utiliser le russe.

Puis, le champagne ayant détendu l'atmosphère, ce grand gaillard aux cheveux longs et moustaches tombantes nous avoua sa surprise d'être ainsi récompensé et nous parla de ses difficultés à travailler sans pouvoir se tenir régulièrement au courant des dernières créations de jazz; son salut consistait à rester en contact étroit avec des amateurs de jazz finlandais qui lui faisaient parvenir ses commandes. En échange, il leur procurait du caviar ou du crabe, et la recherche de cette monnaie d'échange le contraignait à faire tout un trafic.

La discussion avait duré toute la nuit. Au petit matin, notre hôte dut attendre pour téléphoner à la gare. En effet, notre voisine occupait la ligne. Nous ne pûmes réprimer un fou rire à l'idée qu'elle avait pu nous entendre prononcer trop souvent au cours de la nuit les noms du prince et de la princesse, et qu'elle était peut-être en train de révéler que ces communistes français n'étaient autres que de terribles propagandistes pour le retour de la monarchie!

Quelques heures plus tard, une autre voisine vint me demander de la dépanner en sucre. Elle tomba en extase devant le vase de faïence à l'effigie du couple princier posé sur la table et qui avait été offert à notre lauréat. « Où l'avez-vous trouvé? Combien l'avez-vous payé? » ne put-elle s'empêcher de demander.

Nous étions à plus d'un an de vie soviétique. Je répondis laconiquement, selon le langage rituel : « Importé. Si tu y tiens, on pourra t'en procurer un. »

Qu'est-ce qui fonctionne bien? L'alcootest!

Chaque dimanche matin, les abords de notre marché grouillent d'une foule venue de dizaines de kilomètres à la ronde faire ses achats pour la semaine ou le repas dominical. Onze heures. En cette froide journée de décembre, la neige qui tombe dru contraint le passant à presser le pas pour regagner son foyer et n'en plus sortir de la journée. Au milieu du jardin, un homme est enfoncé jusqu'à la taille dans l'épais manteau blanc. La tête tombant sur ses épaules, il remue faiblement les bras comme pour demander de l'aide.

Tableau hallucinant, comme en un cauchemar où l'on voit un homme mourir de solitude au milieu d'une foule dense. Nous nous approchons pour porter secours à ce vieillard épuisé par ses efforts. Il nous supplie de l'aider à sortir de sa fâcheuse posture : « Pour l'amour de Dieu, mes enfants, je ne suis pas ivre, j'ai glissé sur la neige et mes forces m'abandonnent. Je vous le jure, je ne suis pas ivre. » Et quand bien même l'aurait-il été, fallait-il le laisser mourir de froid?

Une fois de plus, nous ne dissimulâmes pas notre indignation en demandant des explications sur le comportement d'une foule indifférente comme le bourreau.

Et l'on nous répondit qu'un homme couché dans la neige ne peut être qu'un ivrogne. Le meilleur service à lui rendre est de laisser le froid le dégriser. Un remède radical que tout le monde a, au moins une fois dans sa vie, expérimenté.

Car, en même temps, l'alcoolique n'a rien d'un marginal. Il suffit de voir au cours d'un repas de fête un père forcer son jeune fils à boire un verre de vodka pour comprendre l'ampleur du phénomène. Et si le jeune homme persiste dans son refus, il entendra de la bouche de son géniteur : « Un garçon qui ne boit pas ne sera jamais un homme. »

Savoir boire est donc une vertu qui ne soulève pas la moindre indignation tant elle imprègne les mœurs et le mode de vie de millions d'hommes. Avec beaucoup de tendresse, les enfants raillent dans la rue un individu qui titube, aux cris de « petit-père-ivre ». Expression bienveillante qui a sa place dans les comptines.

Ainsi, au nombre des fléaux légués par le passé, le pouvoir des soviets a hérité de l'alcoolisme... et il s'en est fort bien accommodé. Ce n'est pas voir la marche de l'Histoire par le petit bout de la lorgnette que de considérer ce phénomène comme un des problèmes essentiels de l'URSS contemporaine. Un camarade polonais, haut fonctionnaire du Comecon, nous expliqua même que les Soviétiques donnaient des indications aux experts de son pays pour imposer la journée continue dans la production. Selon lui, cette mesure qui pouvait sembler purement économique visait à libérer les ouvriers plus tôt et par conséquent à leur laisser davantage de temps libre pour s'adonner à la boisson.

Cet homme affabulait-il? ou laissait-il son antisoviétisme atavique prendre le dessus? Toujours est-il qu'à partir de ce moment-là, nous n'avons plus regardé l'alcoolisme sous l'angle des traditions, des hivers rudes ou du romantisme slave. Et puisque Staline s'est efforcé d'enrichir l'œuvre de Marx, il a remplacé comme le dit l'anecdote la religion par l'alcoolisme dans sa fonction d'opium du peuple. Le tsarisme, tout de même, l'avait efficacement devancé.

Pour nous donc, le phénomène était sorti de la rubrique des faits divers pour rejoindre le social. Il n'est que de déambuler les soirs de paie dans les quartiers périphériques pour constater que toute la société est concernée par ces corps gisant dans la neige, ivres morts après l'absorption cul sec d'une bouteille de vodka à quatre roubles pour les plus aisés ou d'un mauvais porto à deux roubles pour les plus pauvres.

Cette forme de soûlographie, violente, sauvage, de volonté délibérée, est méprisée par l'homme de la rue. Elle est le reflet de la profonde misère culturelle des laissés-pour-compte du socialisme.

A la sortie du terminus de notre ligne de métro se trouvait un vaste centre commercial. Aucun café, aucun local pour se détendre ou bavarder. Le seul lieu de rencontre pour les hommes était le débit de boisson. Voulant innocemment acheter du vin à une heure de pointe, je tombai au milieu d'un troupeau de fauves qui regardaient avec fascination l'étalage de bouteilles de vodka. On ne tarda pas à m'expliquer que ce monde avait ses lois, ses codes.

Ainsi, devant la porte, se tenaient des hommes pointant sur vous, deux, trois ou quatre doigts. C'était le nombre de partenaires recherchés pour acheter en commun la bouteille convoitée. Deux personnes pour qui disposait de deux roubles, quatre pour qui n'en avait qu'un.

Sans échanger un mot, les clans éphémères ainsi formés disparaissent dans d'obscures cours ou sous de sinistres porches pour avaler leur ration.

Boire pour boire, vite, dans une atmosphère de complot, sortir de sa poche un verre, mesure du partage, un morceau de pain noir, et une pomme ou un oignon pour tenir encore le coup et chercher de nouveaux partenaires qui vous avanceront un rouble ou vous feront crédit pour quelques heures.

Il m'est quelquefois arrivé d'entrer dans ces clans, par curiosité et avec l'illusoire espoir d'engager le dialogue avec des hommes qualifiés par leurs prochains de lumpen-prolétariat et de parasites de la société. Incapable d'avaler ma part, personne ne comprenait ma présence là et je cessai mon expérience, avec la mauvaise conscience des bourgeois qui vont s'encanailler dans les quartiers populaires. Et aussi, je dois l'avouer, j'eus peur d'être pris dans une de ces bagarres qui ne manquaient pas d'éclater pour quelques kopecks ou pour une réflexion déplacée, et qui pouvaient se terminer dans le sang.

L'atmosphère était tout autre au kiosque de bière. Situé dans un terrain vague, contre les palissades du cimetière, il devenait les soirs de printemps et d'été le rendez-vous des hommes plus jeunes qui prenaient leur temps pour absorber quatre ou cinq litres de bière brune, debout, en plein air, devant de hautes tables.

Là aussi le sentiment de ne pas connaître les codes m'a longtemps interdit de prendre place dans la queue. Un après-midi, alors que je travaillais à la maison, un voisin frappa à la porte. Lorsqu'il eut la certitude que Nina était absente, il franchit le seuil et me sortit de sa poitrine quelques poissons séchés enroulés dans une vieille *Pravda :* le régal des Russes pour un tête-à-tête agréable avec des chopes de bière. Sans le sou, mon compagnon venait m'emprunter quelques roubles. Ravi de l'aubaine, je lui dis mon intention d'aller boire avec lui et, comme il fournissait le poisson, je prendrais en charge la bière. « Quelle belle journée! Comme il n'en arrive que dans les films policiers français », s'exclama-t-il.

Nous enjambâmes la palissade du cimetière pour rejoindre au plus tôt le kiosque. Maintenant mon compagnon me place à une table, prend le billet de cinq roubles que je lui tends et, malgré une foule dense, revient immédiatement avec dix grandes chopes. Pour une fois, il n'a pas perdu de précieux instants à se chercher des partenaires. Il avale son premier verre d'un trait, étale le poisson sur la table, visiblement satisfait. Je me rends vite compte que Tollia aurait de toute façon bu ce soir-là car il est sans cesse sollicité par des acheteurs, qui le supplient de céder un de ces précieux poissons rarissimes dans le commerce; ils furent pourtant, par le passé, la pitance de base des prisonniers dans les camps de travail. Comment se les était-il procurés? Je hasardai la question alors que, dans un état d'ébriété avancée, nous traversions bras dessus, bras dessous, le cimetière en nous jurant amitié et fidélité jusqu'à la fin des temps.

M'avouant les avoir échangés contre une icône à un étudiant étranger, il s'aperçut certainement que mon œil s'était allumé à l'évocation de l'œuvre d'art mais nous en restâmes là. La tête lourde, complètement ivre, je rentrai m'allonger, furieux de n'avoir pas su m'arrêter à temps. Quelques instants plus tard, mon compagnon sonna de nouveau, il venait m'offrir une icône héritée de ses parents. Je refusai mollement et il s'enfuit, laissant entre mes mains un de ces objets que les étrangers de Moscou se disputent et qu'ils achètent — comme je venais de le faire — à vil prix.

A son retour, Nina me dégrisa bien vite en me demandant de ramener immédiatement l'icône à son propriétaire. Comme j'en étais incapable, elle la porta elle-même à l'épouse de mon complice qui, au courant du troc, refusa la restitution, un cadeau étant un cadeau. Elle lui demanda simplement de me mettre en garde contre son mari, de lui refuser toute somme d'argent. Par contre, puisque nous étions intéressés par les icônes, elle nous mènerait au kolkhoze de ses parents, nous assurant que des iconostases entiers y faisaient office de portes pour les cochonniers.

L'alcoolique de la ville n'a pratiquement pas de salut en dehors de l'argent pour s'adonner à son vice quotidien, mais il a quelques possibilités : dans les usines utilisant de l'alcool dénaturé pour la production, les détournements sont monnaie courante. Un coopérant hongrois nous affirma avoir été le témoin d'une intoxication collective par de l'acétone en bidon que des ouvriers avaient ingurgité comme succédané d'alcool. Les travailleurs de l'industrie chimique et le personnel hospitalier peuvent, eux, se procurer le précieux liquide mis à leur disposition pour des besoins professionnels. Lorsque l'on passe le matin devant la vitrine brisée d'une pharmacie, c'est à coup sûr à son stock d'alcool que les cambrioleurs nocturnes en voulaient. Il en va tout autrement à la campagne où les alambics familiaux permettent de se fournir toute l'année en samogon, précieux breuvage distillé a domicile, généralement à partir de pommes de terre.

La route qui relie Moscou à Leningrad est l'une des rares grandes artères traversant des villages. Les jours de fête, on peut voir, couchés dans les fossés, un nombre impressionnant d'hommes ivres morts ou qui traversent la route en titubant. En général chassés par leurs épouses lorsqu'ils sont en état d'ébriété, n'osant pas ou ne pouvant pas rentrer chez eux, ils sont la face visible de l'alcoolisme et non pas l'exception.

Aussi pénible que cela soit à constater, l'alcool est peut-être le seul sujet qui fasse l'unanimité chez les Soviétiques. Une bouteille de vodka ouvre des portes, permet de trouver rapidement un plombier ou un électricien, plus simplement de disposer d'un taxi pendant quelques heures. Et puis, l'alcool permet aux langues de se délier. Le jour où la *Pravda* annonça la construction d'une usine de vodka aux États-Unis, en échange d'une unité de production de Pepsi-Cola en Crimée, nous commentions l'événement au restaurant de la rue du Prolétaire rouge. Dans mon esprit, la mise en vente libre du breuvage américain serait suffisante pour lui ôter sa fabuleuse auréole, d'autant que les Soviétiques produisent une boisson similaire, le Baïkal, certainement plus saine et plus naturelle. Mes amis considéraient, eux, qu'il aurait fallu cent usines pour que l'offre corresponde à la demande. Ce qui laissait aux trafiquants au moins vingt bonnes années d'avance... Un voisin de table entra dans la discussion et, occasion rare, j'entendis un inconnu prendre en public une position « politique ». Il affirma que, si l'on entendait traiter les relations économiques sur ces bases, il valait mieux tout arrêter, que plus personne ne comprendrait la politique de Brejnev qui sait pourtant ce que vodka veut dire, que ce n'était pas la peine d'avoir autant de dirigeants pour nous obliger à boire du poison, que l'on aurait mieux fait d'acheter une usine de cognac pour bourgeois* aux Français. Et de conclure : Staline n'aurait jamais agi ainsi. Typique discussion de café du commerce mais si étonnante dans un lieu public où l'on se borne à commenter les problèmes de sa vie quotidienne et les programmes de la télévision. Quelques mois plus tard, à Domediedovo, dans le commissariat de l'aéroport qui dessert l'Extrême-Orient et le sud de l'URSS, nous allions être les témoins d'une scène bien plus courageuse.

Rentrant d'Arménie, un incident devait nous opposer à un officier. La fumée de ma cigarette gênant son épouse, il fit venir le commandant de bord qui — hiérarchie oblige — me pria d'arrêter. Comme je n'étais pas le seul fumeur à bord, j'acceptai à condition que tout le monde agisse de même. Annonce fut donc faite au micro. Sans rechigner, les Russes obtempérèrent mais les Arméniens demandèrent des explications qui ne vinrent pas, cependant que l'épouse manifestait bruyamment sa mauvaise humeur. Entre-temps, j'avais accepté un délicieux havane complaisamment offert par un passager. Le commandant de bord revint et, cette fois, sans ménagement, m'ordonna de l'éteindre. Je proposai que nos voisins ou nous-mêmes changions de place mais ce compromis ne fut pas accepté : l'irascible épouse m'en voulait personnellement. Le ton monta jusqu'à l'heure fatidique précédant l'atterrissage. Je mis donc mon cigare dans le cendrier et il continua à produire quelques volutes bleues. Nouvelle intervention, nouvel ordre du steward pour que j'écrase le mégot. Je lui suggérai de faire cela lui-même, n'imaginant pas que cette réflexion puisse provoquer un tel déchaînement de passion. Une partie des passagers se mit à nous insulter tandis que l'autre partie se délectait visiblement à voir un étranger tenir tête aux autorités. Suprême argument

* Allusion au cognac Rémy-Martin qui faisait son apparition dans certains magasins au prix de vingt-trois roubles la bouteille.

pour ramener le calme, le commandant nous menaça de confisquer nos passeports et de les remettre au commissariat de l'aéroport. Qu'à cela ne tienne, je les lui tendis et c'est ainsi que nous fîmes la connaissance du bureau de la milice.

Pour deux raisons. D'abord pour nous expliquer, ensuite pour que nous déposions plainte parce que le panier regorgeant de fruits et de légumes d'Arménie manquait à l'appel de nos bagages...

Tous les commissariats du monde se ressemblent et celui-là — n'était le portrait de Lénine accroché au mur — n'échappait pas à la règle. On nous apporta des chaises : tous les bancs étant occupés par des ivrognes somnolant à demi, et nous entreprîmes de débroussailler, face à une machine à écrire, le grave litige qui avait mis en cause l'honneur de l'armée soviétique.

Mais l'affaire dépassait les compétences du milicien de service qui décrocha le téléphone pour appeler à son secours un jeune et élégant inspecteur en civil, visiblement gêné d'être mêlé à une histoire aussi ridicule. Nina recommença en détail le récit et l'un des ivrognes complètement dégrisé par notre présence insolite se mit à couvrir d'injures les forces de l'ordre. Le milicien le remit gentiment à sa place. Pas calmé pour autant et reprenant son souffle, il nous déclara : « Je profite que vous soyez là pour dire leur fait à ces salauds, ils n'oseront pas me casser la gueule devant vous. » L'inspecteur le pria de se taire mais notre homme reprit de plus belle, mêlant dans un discours bien cohérent Lénine, Staline, le pouvoir des soviets, l'imbécillité des flics et, plus grave, la vertu de leurs mères. Cette fois, c'en était trop, présence d'étrangers ou pas, il reçut une sévère correction et fut entraîné sans ménagement dans une autre pièce.

Le procès-verbal s'arrêta là, on nous restitua nos passeports et comme par enchantement le panier fut retrouvé. Le commandant arménien qui nous le remit, nous conseilla devant l'officier russe de « faire du scandale dans votre pays et de ne pas entraver la marche en avant vers le communisme de la glorieuse Union soviétique ». Quant au jeune policier, il nous pria de l'excuser et d'oublier ce regrettable incident.

L'alcoolisme est un délit mineur qui ne trouble pas en profondeur l'ordre public, sauf lorsqu'un procureur l'assimile à une activité antisoviétique. Mais le simple milicien, lui, toujours candidat à une bonne cuite, ne réagit que dans la mesure où l'ivrogne franchit les limites de la décence ou provoque de violentes réactions chez les passants.

Le registre d'anecdotes concernant les miliciens est très vaste. Ivan Ivanovitch est de service le soir de la Saint-Sylvestre et se prépare à inaugurer la nouvelle année à sa manière, en arrêtant toutes les voitures pour un contrôle d'alcootest un soir où il est inimaginable de trouver quelqu'un à jeun.

Premier chauffeur : le ballon reste neutre, comme au deuxième, comme au troisième. Persuadé que le test est défectueux, Ivan souffle lui-même dans le tuyau et regarde son ballon en disant : « Pourtant, il fonctionne bien. »

Dans les rues de Moscou, échappant aux contrôles de l'Intourist et de ses programmes, un homme ivre fait partie du paysage au même titre que les réverbères, les bancs ou les cendriers. Il s'apparente à la mythologie du simple d'esprit, de l'idiot qui ne manque pas de traits de génie. Autant de personnages populaires pour lesquels le Russe a toujours nourri de la tendresse et une sorte de respect.

A n'en pas douter, dans ce domaine aussi, les échanges commerciaux et les progrès dans la diversification de la production ont bouleversé les habitudes. Les tables de fête auxquelles nous étions conviés comportaient certes beaucoup de vodka mais on y buvait en alternance du vermouth, du champagne, du cognac, toutes sortes de vins et de liqueurs.

Rien d'étonnant dans ces conditions à ce que les hôtes, rapidement grisés, disparaissent aux sanitaires ou dans une chambre pour cuver en silence les incroyables cocktails sur lesquels ils se sont précipités sans retenue. Ce phénomène relativement nouveau permet aux habitants des autres Républiques de mépriser les comportements des Russes « qui boivent n'importe quoi, n'importe comment et sans plaisir ». Car, dans le domaine de l'alcool, même si l'usage de la vodka tend à être généralisé dans toute l'Union soviétique au même titre que la langue russe, la politique léniniste des nationalités continue à être respectée. Le Letton boit du balsam, l'Arménien du cognac, le Moldave du vin rouge... Mais les Républiques d'Asie, aux racines musulmanes encore très vivaces, ont épousé la marche en avant et affichent, comme un signe évident de libération, de modernisme et de soviétisation, le fait d'avoir une bouteille de vodka à table.

L'alcoolisme, soupape permettant d'assurer une paix sociale durable, ne manque pas d'avoir de graves répercussions sur l'économie du pays. Au-delà de l'absentéisme, de la mauvaise qualité du travail, d'un laisser-aller permanent, l'alcoolique coûte cher à la nation, en premier lieu par le nombre d'enfants anormaux pris en charge dans des centres et l'encombrement des services hospitaliers.

L'arsenal de la lutte contre l'alcoolisme mobilise beaucoup de monde : auxiliaires médicaux, psychologues, enseignants qui, dès le plus jeune âge, inculquent aux enfants les méfaits de l'alcool. Cela n'empêchera pas le passage à l'adolescence d'être invariablement marqué par la première cigarette et la première cuite.

Un professeur de philosophie analysait ainsi le problème : « L'alcoolisme et son utilisation systématique chez nous s'apparente, en particulier chez les jeunes, au phénomène de la drogue dans les sociétés occidentales. La plupart des Soviétiques boivent parce qu'ils n'ont rien d'autre à faire et les jeunes parce qu'ils ont perdu toute notion d'idéal et ne voient de salut que dans la course à l'argent et à un hypothétique bien-être matériel. » Verdict terrible et sans appel faisant mesurer la vanité des mesures administratives de lutte contre ce fléau social et qui passe notamment par le relèvement régulier du prix de l'alcool.

Mais, bien entendu, tout Moscou ne vit pas en permanence dans un état d'ivresse avancée. L'alcoolisme raisonnable consiste avant tout à sauver les apparences. Un travailleur ambitieux s'efforcera de ne jamais se montrer après une beuverie. Il sait qu'en cas de faute grave, son état d'ivresse sera mentionné à l'encre indélébile sur le carnet de travail qui le suit partout. Mais avant d'en arriver là, il sera jugé par ses camarades de travail réunis en une sorte de tribunal populaire, généralement indulgent pour ce genre de « délit ».

S'il y a récidive, l'épouse pourra obtenir le blocage du salaire et gérer entièrement le budget familial. C'était le cas de Tollia qui mendiait quelques roubles en échange d'une icône car il ne disposait pour argent de poche que des kopecks indispensables à son trajet en métro.

Seuls les possesseurs de voitures particulières s'imposent un régime sec draconien. Mais dans la mesure où ils n'utilisent pratiquement pas leur véhicule pendant les six mois d'hiver et les jours de fête, le sacrifice n'est pas trop lourd. Un chauffeur de camion a fait un jour voler en miettes le fameux mythe de la sobriété au volant. Alors que nous attendions notre ration de bière, il gara son semi-remorque, se dispensa de queue, car les personnes dans l'exercice de leur travail ont la priorité, prit sa bière, en vida la moitié d'un trait pour mélanger au reste une flasque de vodka sortie de sa poche. L'opération rondement menée, il mordit dans un oignon, remonta dans sa cabine avec un regard méprisant pour ce pauvre peuple d'oisifs s'adonnant à un vice aussi répréhensible. « En cas de contrôle, me dit Tollia, l'odeur de l'oignon sera plus forte que celle de l'alcool... »

A chacun sa manière d'échapper à une répression qui revêt

parfois une forme terrifiante, révoltante, à vous soulever le cœur.

A sept heures et demie du soir, lorsque les magasins du métro se sont vidés, que la foule est clairsemée et que les ivrognes gisent la face contre terre, un grand camion beige sans vitre, orné d'une petite croix rouge, procède à son travail de ramassage. Les miliciens, aidés de volontaires du quartier portant un brassard rouge comme au joli temps de la révolution, empilent les corps pêle-mêle à même le plancher avec moins de ménagement que pour des sacs de pommes de terre. Le camion emmène ces corps vers une infirmerie où ils seront douchés à l'eau froide, où on leur rasera le crâne s'ils ont les cheveux longs. Ils en ressortiront le lendemain, complètement dégrisés, prêts à recommencer.

Les frais de transport et de soins seront automatiquement retenus sur leurs salaires...

Femmes, un jour par an

« Nos femmes. si belles, si bonnes, si travailleuses, si intelligentes, sans lesquelles nous autres, pauvres hommes, ne serions rien. » Sempiternels propos entendus tout au long des mois. Une fois par an, ces mots prennent pourtant un éclat particulier. C'est à la naissance du printemps...

Un ami de province nous avait téléphoné, nous priant de l'héberger début mars : ingénieur d'un institut de recherches, il avait été désigné par ses collègues pour s'approvisionner dans la capitale en confiseries, fleurs, parfums et autres doux présents, afin de célébrer dignement la fête du 8 mars, journée internationale des femmes.

Dans son désir d'assimilation, Jean voulut lui aussi rendre hommage à « ses » femmes — épouse, collègues de bureau, amies, voisines — et offrir à chacune un bouquet de fleurs. Denrée rare, surtout en hiver, mais on nous avait assurés que ce jour-là il n'y aurait aucun problème. Nous n'avions pas pensé à la relativité que peut revêtir pareille affirmation.

Au jour dit, Jean se dirigea vers le magasin de fleurs de notre quartier. Des hommes, en file sur une centaine de mètres, s'infiltraient au compte-gouttes dans le magasin. Abasourdi, découragé, mais chagriné de renoncer et de passer pour un goujat, il s'acquitta de sa tâche en payant les fleurettes trois fois plus cher qu'au magasin d'État chez nos voisins du marché kolkhozien. J'eus droit toute cette journee à d'innombrables visites fleuries et coups de téléphone de félicitations. Les invitations à déjeuner, souper et autres collations se succédèrent. Partout, fringantes, impeccablement coiffées, maquillées, souriantes, les femmes écoutaient, visiblement heureuses, les toasts prononcés en leur honneur et qu'elles recevaient comme un dû.

La veille, dans la plupart des entreprises, on leur a donné une demi-journée de congé pour leur permettre de se préparer à ces festivités. Entre les heures d'attente passées dans les salons de coiffure-manucure bondés, celles à rechercher un beau morceau de viande, un poisson frais et quelques légumes au marché, la soirée puis la matinée du lendemain à confectionner ces plats de la cuisine russe qui nécessitent de longues préparations et un bon mijotage, elles ont acquis la certitude de mériter leur fête. La soirée en famille, au théâtre, ou à un spectacle de ballets, couronnera cette glorieuse journée au bout de laquelle, épuisées, elles se laisseront étreindre par un époux qui, alourdi par l'alcool, comme tous les jours de fête, ne tardera pas à ronfler à leurs côtés.

Célébrée, honorée en toute circonstance officielle, la femme est l'un des fers de lance de la propagande soviétique. Ici, l'émancipation, c'est le droit au travail pour toutes, l'accès à toutes les fonctions, tous les échelons de la hiérarchie, le droit de prendre une ou deux années de congé lors de la naissance d'un enfant, sans risquer de perdre son emploi. Les textes mettent sans cesse en avant les femmes ouzbèques, libérées grâce au socialisme d'un quasi-servage, et laissent entendre qu'elles sont toutes devenues laborantines, enseignantes ou médecins.

On dit moins, par contre, que s'il y a peu d'hommes généralistes dans les polycliniques de quartiers, en revanche, ils sont majorité parmi les spécialistes et dans les rangs des grands patrons de la médecine. De même, si les établissements d'enseignement maternel, primaire ou secondaire, sont le royaume des femmes, les chaires d'université en comptent très peu.

Ici encore, de même qu'à propos du racisme, il ne serait pas exact de dire que des mesures discriminatoires limitent leur accès à ces postes. Mais simplement, la vie qu'elles mènent n'est que difficilement compatible avec la poursuite d'études au-delà du mariage et de la naissance d'un enfant. Dès l'instant où une femme a pour tâche de nourrir et vêtir sa famille, elle peut considérer que ses journées de travail sont prolongées quotidiennement par deux heures d'errance dans les magasins. Sans parler du souci permanent et obsédant que constitue l'achat d'un vêtement...

Lors de notre arrivée, à l'automne, des amis français m'avaient prévenue : les après-skis luxueux que nous avions achetés en France pour les enfants ne les protégeraient guère contre les rigueurs de l'hiver. Rien ne valait les valenkis, ces bottes de feutre épais qui permettent de marcher directement sur la glace. Tous les enfants sont chaussés ainsi pendant les longs mois d'hiver. Je m'empressai donc, avant que les premiers froids n'arrivent, au grand magasin d'enfants de Moscou, réputé pour son approvisionnement. De valenkis, point de trace. J'aurais pu, par contre, y acquérir sans la moindre difficulté des sandales pour l'été suivant... Désespérée, en cette saison pourtant propice, de ne trouver nulle part dans la capitale ces indispensables vêtements, j'en avisai mes amies russes qui s'esclaffèrent à tour de rôle de tant de naïveté : les valenkis sont mis en vente au début de l'été et les stocks sont liquidés en moins de jours qu'il n'en faut pour évaluer ce que sera la pointure de votre rejeton l'hiver suivant. C'est finalement auprès des « marchandes » clandestines de notre marché kolkhozien que je fis la précieuse acquisition. L'été suivant, forte de cette expérience, je me mis en quête de nouvelles paires de valenkis et je compris qu'il ne suffisait pas de connaître la saison favorable à l'achat pour s'en acquitter rapidement : les foules qui se pressent autour des rayons sont telles qu'on en sort épuisé et à bout de nerfs.

Le même rituel accompagne également chaque été la recherche de l'uniforme scolaire obligatoire : costume gris clair pour les garçons, robe sombre et tablier blanc pour les filles sont le souci régulier des mamans avant le départ en congé. L'achat de n'importe quel vêtement, pour peu que l'on ait un minimum d'exigence, non pas sur l'élégance, mais simplement sur la bonne finition ou la qualité du tissu, préoccupe longtemps l'esprit, provoque une perte de temps disproportionnée à l'intérêt de la chose et une fatigue physique et morale qui ne reste pas sans conséquence.

Ayant lu par hasard dans *Réclames,* un hebdomadaire d'annonces publicitaires, un placard vantant les services rendus par la firme Aurore, j'en parlai à ma voisine qui m'initiait jour après jour aux secrets de la vie quotidienne. Cette firme proposait pour un prix tout à fait abordable des femmes de ménages, des équipes de peintres ou tapissiers et, surtout, ce qui m'intéressait bien davantage, des baby-sitters. En effet, nous n'avions pu trouver aucune étudiante de l'immeuble ou du quartier susceptible d'être intéressée par quelques roubles; on nous avait expliqué que cette pratique n'existait pour ainsi dire pas et que, de surcroît, nulle famille n'oserait affronter les conséquences éventuelles d'une quelconque « collaboration avec l'étranger »!

D'un hochement de tête ironique ma voisine m'expliqua : il n'était pas impensable que les baby-sitters en question ne quittent l'appartement avant l'heure prévue et même ne commettent quelques menus larcins. D'ailleurs, elle-même avait loué les services d'une équipe de peintres de cette firme et le résultat avait été catastrophique : travail mal fait, traces de peintures dans tout l'appartement, délais prévus non respectés. J'en fus quitte pour quelques instants de rêve sur l'efficacité de l'État dans son aide à la femme.

Imprégnée de l'image tant vantée de la femme soviétique à

tel point libérée des tâches ménagères qu'elle peut se réaliser pleinement dans le travail, je fus dès nos débuts quelque peu désappointée de voir la lassitude qui se lisait le soir sur le visage de mes jeunes voisines, mères de famille. Comme j'expliquai mon étonnement à l'une d'elles, elle sourit gentiment et, sans un mot, se contenta d'aligner des chiffres sur un papier. Dans une colonne le revenu de son mari, dans l'autre les dépenses nécessaires à cette famille de quatre personnes. Il n'en fallut pas plus pour que je comprenne les véritables raisons qui poussent la majorité des femmes à travailler : leur salaire double celui du conjoint et leur permet ainsi de vivre normalement, sans luxe certes, mais aussi sans dettes régulières. Mais lorsque après une journée de travail et quelques heures supplémentaires passées en courses, la mère de famille retrouve son appartement, ce n'est pas toujours pour y jouir de la détente dont elle aurait besoin.

Dans les grandes villes, le problème du logement, s'il s'est considérablement réduit ces dernières années, demeure néanmoins une constante de la vie quotidienne.

Entre l'adolescence et l'âge adulte, aucune occasion n'est offerte de vivre un brin de vie de façon autonome, de faire l'apprentissage de l'existence avec soi-même. Lorsqu'il est étudiant, un jeune vit, soit chez ses parents, soit en cité universitaire dans une chambre prévue au minimum pour deux personnes, soit encore chez l'habitant qui lui loue une pièce à l'intérieur de son propre appartement, avec usage commun de la cuisine et des sanitaires. Le problème que constitue l'obtention d'un logement est tel qu'il n'est pas pensable d'en faire la demande si l'on est un jeune célibataire.

Les débuts de la vie amoureuse sont tributaires de toutes ces circonstances, de la difficulté également à louer une chambre d'hôtel, notion inexistante chez les moins de vingt-cinq ans. C'est dans les trains, les bois, les coins obscurs et reculés qu'entretiennent toutes les villes du monde, que les jeunes découvrent l'amour et le vivent jusqu'à la reconnaissance officielle, par la famille et l'entourage, d'une relation qui mènera banalement à la marche nuptiale.

Vivre les premiers mois de son mariage chez les parents est monnaie courante, nul ne s'en choque. On se plaint, confidentiellement, aux intimes, de la gêne que provoque la promiscuité, mais l'on accepte néanmoins comme un lot inévitable la participation des parents à votre vie, à la gestion de votre budget, leur coup d'œil — aussi discret soit-il — sur les amis que vous recevez, leur oreille attentive aux propos que vous tenez.

Dans le meilleur des cas, les parents sont en bonne santé, actifs, et la jeune épouse profite de cette situation en prenant une moindre part aux activités ménagères. Dans le cas contraire, elle assume, outre l'organisation de la vie de son couple, celle de ses parents ou beaux-parents.

L'État dispense ses appartements, mais sans prévoir l'arrivée d'un nouvel habitant, enfant ou parent. Le processus est le même en copropriété. Un couple de nos amis aux revenus supérieurs à la moyenne décida de s'acheter un appartement. N'ayant pas d'enfant, ils obtinrent un deux-pièces. Peu de temps après, le père de la jeune femme mourut, laissant une veuve en mauvaise santé qui ne pouvait vivre seule : le couple décida de lui céder sa chambre et de s'installer dans le séjour. Puis vint un bébé. Mais il fallut attendre plusieurs années avant de pouvoir obtenir un appartement plus grand. L'exiguïté des pièces, la mauvaise finition des constructions, cela gêne peu les Soviétiques. Ils naissent à peine au concept de confort. Pourtant, la promiscuité entraîne souvent des conséquences qui marquent à jamais l'individu.

Le mari nous parla de sa tristesse de ne plus pouvoir s'adonner le soir à son plus grand plaisir, la lecture, car la lumière gênait l'enfant qui dormait dans leur chambre; de ses colères rentrées à supporter l'éternelle présence de la belle-mère dont la télévision était la seule et constante distraction; de l'usure amoureuse à ne pouvoir jamais être en tête-à-tête avec sa femme.

Quant à cette dernière, seule la très grande intimité qui nous liait lui permit de nous avouer la misère sexuelle que subissent bien des couples contraints ainsi à une promiscuité permanente. Il ne nous a d'ailleurs pas été aisé de parler avec nos amis, même les plus proches, de tout ce qui concerne la sexualité. Le sujet est tabou, associé dans l'esprit d'un grand nombre à des notions de grossièreté.

L'éducation sexuelle n'existe à aucun niveau, ni scolaire ni familial. Je ramenai de France, à l'une de mes collègues soviétiques parlant couramment notre langue et mère d'un garçon d'une douzaine d'années, un ouvrage d'éducation sexuelle pour enfants, largement répandu chez nous. Cette femme, amatrice de plaisanteries grivoises, grande séductrice devant l'Éternel, la moins bégueule, la plus délurée de celles que j'ai pu connaître en URSS, fut profondément choquée par les dessins illustrant le coït et jura que jamais elle ne pourrait mettre un tel ouvrage entre les mains de son fils. Mais je l'ai vue le feuilleter en cachette avec l'une ou l'autre collègue, j'ai entendu des ricanements, des oh et des ah, horrifiés de tant d'impudeur, amusés de tant de ridicule. Et cette curiosité clandestine me fit supposer que, peut-être, elles y complétaient la connaissance de leur propre corps, de leur propre vie. Quelques mois plus tard, l'objet du scandale était toujours dans un tiroir du bureau : je compris que jamais il n'atteindrait son destinataire.

La contraception n'est répandue que sous ses formes les plus élémentaires : préservatifs, pommades aux effets incertains. L'avortement par contre ne pose aucun problème et se pratique couramment en milieu hospitalier, à condition que l'entreprise en soit informée par un certificat médical — une bonne façon de surveiller la moralité de ses employées.

Un peu surprise de ce manque d'évolution concernant les problèmes sexuels, je m'en ouvris un jour à une amie, m'étonnant que ce retard puisse exister dans le pays où avait été découvert l'accouchement sans douleur. J'ai cru ce jour-là que la langue russe m'échappait et que nous étions victimes d'un malentendu linguistique. Mon amie, qui avait accouché deux fois, ne comprenait pas de quoi je parlais. Du coup, la question m'obséda et je me mis à interviewer systématiquement mon entourage sur ce problème.

Il fallut bien me rendre à l'évidence : oui, en effet, on avait entendu parler dans les brumes du passé de cette méthode d'accouchement sans douleur. Mais la réalité n'en était pas encore là. Toutes les femmes gardaient de leurs accouchements de très mauvais souvenirs, moins liés d'ailleurs à la souffrance qu'à l'atmosphère qui règne dans les maternités. Elles ont évoqué les salles de travail où plusieurs personnes accouchent ensemble, la rudesse avec laquelle les sages-femmes s'adressaient à elles. L'une se souvenait avec acuité de la réflexion faite à une voisine de chambre : « Si tu ne voulais pas souffrir, tu n'avais qu'à savoir te tenir avec les hommes. »

Aucune ne pouvait admettre l'éventualité que son époux assiste à cet événement. J'en ai vu rougir de pudeur à la seule idée que cela pourrait se produire. Accoucher est exclusivement une histoire de femmes, une histoire ni belle ni drôle. J'ai eu le sentiment de commettre une grave indélicatesse lorsque au lendemain de l'accouchement d'une voisine de palier, je m'enquis de sa santé auprès de son mari.

A la théorie sur l'émancipation de la femme élaborée par les premières générations de dirigeants soviétiques, l'histoire a greffé des événements sur lesquels s'appuie la propagande officielle dans sa glorification de la femme : au cours de la dernière guerre, tous les hommes valides étant engagés dans les combats, elles se sont partagé le fonctionnement des usines d'armement, la bonne marche de ce qui restait des industries de base, la culture de la terre là où elle était encore possible, l'approvisionnement, les soins aux blessés, bref elles ont fait tourner le pays. La guerre terminée, le nombre des morts, des invalides — la propagande se garde bien d'évoquer les millions d'hommes déportés par Staline pour « trahison » parce qu'ils avaient été faits prisonniers —, les contraignit à assumer encore pendant de longues années les travaux de reconstruction du pays.

Ces générations ont formé des femmes âpres au travail, prêtes à tous les sacrifices personnels, mais conscientes aussi de leur indispensable présence. Si l'on ajoute à ce phénomène celui de leur prédominance numérique, l'on comprend mieux cette image de matriarcat que donne parfois la société soviétique.

Cette impression est soulignée par l'innombrable présence féminine dans tous les bureaux administratifs, derrière les guichets et les caisses de tous les services publics, les comptoirs de magasins.

Là, la femme est souveraine, non pas dans l'absolu mais par rapport au client qui la sollicite de l'autre côté de la barrière. Elle détient un pouvoir dont elle use et abuse au gré de son humeur, vous faisant attendre jusqu'à parfois une heure sans même vous regarder, parce qu'elle est occupée à bavarder au téléphone avec son flirt, vous faisant patienter à coups répétés de « une minute », vous rabrouant d'une parole sèche parce qu'elle a hâte d'aller chez le coiffeur, vous humiliant de sa morgue si vous vous laissez faire, se transformant en mégère redoutable si vous insistez avec fermeté. Seule la crainte de la hiérarchie peut jouer en votre faveur si vous tentez d'en user.

Le malheur fit que le vendredi de notre arrivée à Moscou, en fin d'après-midi, toutes les personnes responsables de notre séjour étaient déjà rentrées chez elles pour un long week-end. Désemparés, nous nous adressons au bureau central de l'Intourist pour obtenir une chambre d'hôtel. Exhibant notre contrat de travail, j'use de tous les arguments pouvant jouer en notre faveur — fatigue du voyage, ennuis intestinaux de Mélina —, prétendant même que nous ne connaissions personne à Moscou. Je tente d'expliquer la nécessité de nous aider à une jeune fille fraîchement maquillée, tirée à quatre épingles, qui m'écoute distraitement en se faisant les ongles. Pendant plus d'une heure, avec calme, persuasion, mais rien n'y fait. A chacune de mes phrases, elle lâche : « Pas de chambre à Moscou en ce moment. » Finalement, désespérée devant ce mur, je sortis mes armes les plus lourdes, les plus ridicules aussi à mes yeux : « Puisqu'il en est ainsi, demain, dans la presse occidentale, on pourra lire qu'un couple de Français et ses deux enfants ont passé la nuit sous un pont à Moscou, dans la pluie et le froid, faute de chambre d'hôtel dans la capitale de l'URSS. » Devant mon sérieux, ma fermeté, son indolence se mua soudain en une énergique prise en main de la situation et deux coups de téléphone de trois minutes chacun nous trouvèrent une chambre en plein centre de la ville.

Les femmes de cinquante ans et plus sont omniprésentes, physiquement et moralement. On les voit partout, promenant leurs petits-enfants, fouillant du regard les rayons des magasins. Elles s'affairent dans les bureaux de poste où l'expédition d'une paire de chaussures aux parents provinciaux occupe bien quelques heures, tant les modalités d'expédition sont complexes : selon le contenu, vous avez en effet à coudre un tissu autour du paquet ou confectionner une caissette clouée, sans parler des formulaires à remplir. Mais le temps n'a nulle valeur et ici, comme à la caisse d'épargne ou dans n'importe quelle administration, elle profite de son passage pour donner un conseil à l'inconnue qui se trouve devant elle dans la queue, lui faire remarquer que son paquet ne correspond pas aux normes, que son enfant n'est pas suffisamment couvert, lui demander combien elle a payé les pommes qu'elle aperçoit au fond de son filet et donner son appréciation sur leur qualité.

Il m'est arrivé de me faire réprimander parce que, effectuant mes achats dans un supermarché, j'avais installé Mélina dans le caddy et que cela n'était pas hygiénique pour les clients qui, après moi, y poseraient leur pain! J'ai été prise à partie par tout un groupe de femmes pour avoir dans la rue donné une fessée à Fabrice qui s'obstinait à courir sur la chaussée; à des dizaines de reprises, je me suis fait morigéner par des femmes parce que je ne pressais pas assez l'allure dans les escaliers du métro aux heures de pointe.

Cette génération a, pour beaucoup, perdu le sens de la féminité dans ce que ce terme sous-entend de grâce et de douceur. Contraintes à de durs travaux, mais fières de pouvoir les assumer, souvent astreintes à vivre avec un époux régulièrement ivre, ces femmes arrivent à la cinquantaine aigries, rejetant bien souvent sur leurs consœurs, reflets d'elles-mêmes, l'amertume et l'agressivité trop longtemps contenues. Ici, l'expression « se crêper le chignon » trouve encore une illustration fréquente.

Ayant un beau jour décidé d'utiliser les services de la laverie automatique installée à proximité de notre immeuble, et dont le nombre dans la capitale est très limité, je partis, heureuse de sauter sur cette occasion pour pouvoir papoter un bon moment avec des femmes du quartier tandis que tourneraient nos machines. Je fus d'emblée surprise : au lieu de femmes assises en rang d'oignons que je m'attendais à trouver, je pénétrai en fait dans une ruche embuée et surchauffée. Les opérations de lavage et d'essorage s'effectuant dans des machines différentes, leur nombre étant largement insuffisant et de surcroît réduit par la mise hors service de deux ou trois d'entre elles, l'attente est longue avant que vienne votre tour.

Pour peu que vous ayez une série de linge blanc et une autre de couleur, ce temps sera doublé. Aucun système de ticket ou simplement d'autodiscipline ne permettant d'attendre patiemment, les clientes se tiennent auprès des machines qu'elles ont choisies, veillant nerveusement à ce que personne ne prenne leur tour. Mais lorsque celui-ci est arrivé, que votre linge est enfourné, vous n'êtes pas libre pour autant : le nombre de paniers mis à la disposition des utilisatrices pour transporter le linge d'une machine à l'autre étant, lui aussi, insuffisant, chacune guette, tel un oiseau de proie, qu'un panier se libère, l'accapare et le protège de son mieux contre les attaques de l'ennemie. Pour mon coup d'essai, ce ne fut pas un coup de maître : peu habituée à ce cérémonial et tout occupée que j'étais à observer autour de moi, je laissai à plusieurs reprises passer mon tour d'utilisation de la machine; de plus, comme je ne pouvais me résoudre à tenir ferme mon panier, on le supposait disponible et je dus, plus d'une fois, me mettre en quête d'un nouveau qui m'était régulièrement subtilisé.

Éberluée devant tant de complexité dans une installation destinée à être fonctionnelle, assourdie aussi par le bruit, je n'avais pas prêté attention à la discussion qui animait un groupe de femmes à mes côtés. Mais soudain, cris perçants et insultes grossières me firent retourner : deux femmes d'une cinquantaine d'années se battaient, griffes sorties et cheveux ébouriffés, trois autres tentaient de les séparer, tandis que la caissière, seule employée visible du lieu, regardait d'un œil morne, apparemment blasée, ce genre de scènes. L'ampleur de la bataille était telle que j'eus bien du mal à croire que l'objet n'en était que l'un de ces maudits paniers « volé » à sa propriétaire. Chacune alentour apportait son commentaire, non pas sur l'absurdité du drame mais sur l'attribution des torts à l'une ou l'autre.

Rudement mise à l'épreuve par ces trois heures d'attente, le brouhaha, l'énervement, je m'enfuis sans avoir séché ni repassé mon linge; effondrée, au bord de la crise de nerfs, je me précipitai chez ma jeune voisine auprès de laquelle je recherchais toujours les explications sur tout ce que la vie quotidienne pouvait avoir d'hermétique pour moi. La relation que je lui fis de la scène ne la surprit guère. Elle s'étonna simplement de la lubie que j'avais eue d'aller dans ce lieu de perversion, comme si je ne pouvais pas me contenter de la petite blanchisserie traditionnelle de notre cité.

Je lui expliquai que là aussi tout était compliqué : le linge devait être marqué d'un numéro à l'encre de Chine, il fallait toujours affronter une file d'attente pour le déposer et, surtout, patienter au moins une semaine avant de pouvoir le récupérer. Elle haussa les épaules, qu'elle avait beaucoup plus larges que les miennes, comme pour me signifier que j'étais trop fragile pour prétendre affronter leur mode de vie.

A quelque temps de là, passant devant un kiosque de fruits et légumes, j'entendis pleurer à chaudes larmes une cliente. La vendeuse la consolait de son mieux. Prêtant une oreille indiscrète à leurs propos, je pus déduire qu'elle s'était fait insulter par une autre femme, pour lui avoir, par mégarde, soufflé son tour. Au milieu de ses larmes, une phrase revenait sans cesse que j'entends encore aujourd'hui : « Mais d'où nous vient tant de méchanceté, pourquoi, mon Dieu, pourquoi? »

Il est vrai qu'on ne saurait ramener à une tribu de mégères les générations de grands-mères soviétiques. Le rythme de vie dans la capitale est pour beaucoup dans le degré d'irascibilité de ses habitants. Mais nombreuses sont celles qui, surtout parmi les plus âgées, s'efforcent de retrouver dans les verdoyantes cités neuves un rythme de vie plus ou moins campagnard : elles s'activent autour des mètres carrés de gazon, désherbent, entretiennent les arbres, les fleurs, et surtout, surveillent patiemment, de longues heures durant, les jeux de leurs petits-enfants. Nombre d'entre elles hantent également les églises. Nouvelles gardiennes de l'ancien temple, elles mettent toute leur ardeur à protéger leurs lieux sacrés et leurs popes contre l'irrespect des jeunes et des touristes, n'hésitant pas à jeter dehors les filles en pantalon.

Les générations de femmes nées après la guerre ressemblent peu à leurs mères. Si leur vie n'est pas toujours facile, elle n'a pas été marquée des mêmes secousses que celle de leurs aînées. N'ayant connu ni les sacrifices exigés par les années de la Révolution, ni les efforts et les souffrances de la guerre, elles ont grandi dans un confort, bien sûr très relatif, mais qui est un acquis, non une conquête. Par contre, elles ont eu l'occasion, à l'Université, sur les plages de Crimée ou au hasard des rencontres, de côtoyer des étrangers, les faire parler de leur mode de vie; elles voient passer les touristes et les détaillent de la tête aux pieds pour savoir ce qu'est la mode là-bas, elles se procurent et se font passer de main en main des catalogues occidentaux de vente par correspondance, s'inspirant des photos pour se confectionner des vêtements « personnalisés » et rêvant sur les mille et un gadgets qui leur simplifieraient tant la vie. Si les mères ont connu le passage de la misère à un premier degré de confort, les filles, elles, n'ont aucun point de comparaison avec le passé. En matière de biens de consommation, leur seul critère, c'est l'Occident et ce qu'elles croient en connaître, à savoir : l'abondance et le choix. Elles interrogent à tout moment : « Par quel mystère cela n'est-il pas possible chez nous? »

Dans bien des cas ces jeunes femmes de l'après-guerre vont jusqu'à rejeter les conquêtes de leurs mères.

Malgré d'évidentes difficultés matérielles, une amie, biologiste, avait préféré s'arrêter de travailler quelques années pour élever ses deux jeunes enfants. Une autre, réalisatrice d'émissions enfantines à la radio, avait choisi de confier l'éducation de sa fille à sa mère, qu'elle avait installée chez elle; une troisième, jeune médecin, avait elle aussi cessé toute activité pour se consacrer à ses gosses.

Lorsque je leur exprimais mon étonnement, moi si ravie d'avoir pu intégrer les nôtres dans des jardins d'enfants sans problème d'éloignement ni de classes surchargées, elles me répondaient invariablement que toutes ces crèches, tous ces jardins d'enfants, ce n'était pas idéal; les puéricultrices ne pouvaient porter à chacun autant de soins que le faisait une maman; la vie collective avait ses inconvénients : contagion des maladies, de l'énervement, du caractère capricieux de certains enfants, de la mauvaise éducation des autres. Pour leurs mères, ces infrastructures sociales avaient été une victoire, une libération, pour elles c'était déjà un objet de remise en cause surtout qualitative.

C'est bien là ce qui distingue ces générations : pour les unes, tout est affaire de chiffres — nombre de crèches, d'écoles, de médecins, prix du pain, de la viande, du coiffeur —, quant aux autres, elles se soucient peu des prix; elles consacrent parfois un mois de leur salaire à l'achat d'une paire de bottes importées de France; une voisine qui ne travaillait pas vint m'emprunter une somme représentant deux mois du salaire de son mari pour profiter de l'occasion rarissime d'acheter un manteau en daim que lui cédait une étudiante anglaise.

Sous l'œil affolé de leurs opulentes mamans, elles dépensent cet argent dans la joie, prêtes à se sacrifier sur la nourriture pendant des mois pour s'offrir un brin d'élégance, de raffinement, retrouver cette féminité que l'édification du socialisme a voulu leur faire oublier. Pour les premières, la création de laveries self-service représente le summum du progrès; mais leurs filles ne comprennent pas qu'un pays, capable aussi bien de produire de mauvaises machines à laver que d'envoyer chiens et hommes dans le cosmos, ne puisse fabriquer ni lessive adaptée aux machines existantes ni, surtout, des machines modernes, automatiques, que pourtant toute la partie du monde qui ne peut se vanter d'avoir libéré la femme répand sur le marché depuis des décennies.

Les problèmes d'organisation de la vie familiale et de consommation sont tels qu'ils occupent la majeure partie des conversations féminines. Bien que privilégiés par l'importance de nos revenus, j'ai gardé vivace l'angoisse qui m'étreignait régulièrement à ne pouvoir libérer mon cerveau de ces préoccupations obsédantes. J'avais la sensation de m'abrutir en efforts d'imagination pour confectionner un repas avec ce que j'avais pu trouver au hasard de mes longues recherches dans les magasins du quartier. Renouveler chaque jour l'art de la table, alors que chaque jour vous trouvez aussi peu et aussi difficilement, requiert une longue mobilisation des cellules grises. Lorsque la deuxième année j'ai travaillé dans un bureau, avec des secrétaires et interprètes soviétiques, j'ai compris que je ne vivais qu'un dixième de leurs soucis : l'achat de meubles et vêtements m'était épargné. Toutes ces jeunes femmes, au niveau culturel honorable, toutes férues de littérature, théâtre, cinéma, passaient leur temps à se revendre de la laine mohair introuvable, un vêtement pour enfant en tissu synthétique aux couleurs gaies, des crèmes de maquillage résistant à la pluie, bref, toutes sortes de produits, toujours d'importation qu'elles avaient pu dénicher grâce à une amie vendeuse, une belle-mère fouineuse ou la coiffeuse d'une étoile du Bolchoï.

L'exiguïté des appartements, la promiscuité avec les parents ou les enfants, cette obsession du « comment se procurer » un vêtement, un meuble, un livre ou une boîte de sardines, ne favorisent guère l'épanouissement du couple. Au-delà de la pudeur naturelle qui limite, plus que chez nous, l'exhibition amoureuse, nous avons rarement senti chez nos proches des rapports chaleureux, mutuellement attentifs, révélateurs d'un véritable échange entre les deux partenaires.

Si elle ne peut toujours trouver dans la réalité des faits les moyens de s'émanciper réellement, la femme a cependant su imposer dans la vie quotidienne du couple quelques-unes de ses volontés. Certaines tâches incombent ainsi au mari : l'achat de diverses bouteilles, leur retour à la consigne, la promenade du soir avec l'enfant tandis qu'elle prépare le repas. Dès le jour de notre installation, nous avons été intrigués par le fait que sur chaque palier se tenait un homme, cigarette aux lèvres, qui semblait jouer aux noms de métiers avec quelqu'un resté dans l'appartement. Finalement nous sûmes que nombre de femmes avaient réussi à obliger leurs maris à ne fumer que sur le palier. L'époux se plie sans résister à ces marques d'autorité.

En échange de quoi, par un accord tacite, il se réserve sa ration d'indépendance. Souvent, un ami venait passer la soirée chez nous pour échapper quelques heures à la double présence de sa belle-mère et de sa femme. Je fus la seule parmi notre cercle d'épouses à m'imposer aux déjeuners mâles de la rue du Prolétaire rouge. Mais jamais je n'ai pu obtenir, malgré mes persévérantes supplications, de participer à l'une de ces parties de chasse dans la campagne russe qui occupaient nos hommes quelques week-ends par hiver. Le plus surprenant étant que mes amies trouvaient plutôt comique ma revendication et s'étaient faites depuis bien longtemps à l'idée que c'était là un domaine réservé strictement au sexe masculin.

De surcroît, l'organisation des congés, bien souvent, ne permet pas au couple de se détendre ensemble. Soit parce que les deux conjoints ne peuvent choisir dans leur travail des périodes de vacances qui coïncident, soit parce qu'ils n'ont pu obtenir pour les mêmes dates des bons de séjour dans les maisons de repos du syndicat, soit encore parce que la chambrette qu'ils ont trouvé à louer au bord de mer chez l'habitant est trop exiguë pour les abriter avec leur enfant.

Certains ont la chance de posséder une petite datcha à la campagne. Malgré son inconfort elle attire tous les membres de la famille : parents, frères, oncles, belles-sœurs..., tant et si bien que l'époux n'hésite pas à profiter des circonstances pour se détendre quelque temps seul dans son appartement.

Dès lors, que le divorce soit une simple formalité, c'est peut-être la moindre des choses et un fait de société. A trente-cinq ans, il n'est pas rare que l'on en soit à son deuxième ou troisième mariage. Et pour ne pas se compliquer la vie, on évite d'avoir des enfants, causes de multiples problèmes en cas de rupture et de pensions alimentaires contraignantes. Mais c'est surtout pour des raisons matérielles que les familles de plus de quatre personnes sont à l'heure actuelle des exceptions.

La blonde Valia, institutrice aux yeux d'azur, me dit un soir de confidence : « Tu vois, on parle de notre émancipation, mais je ne sais plus qui je suis : je m'ennuie à l'école, il m'est interdit d'y parler à mes élèves de tous les auteurs russes que j'aime, le programme est très strict et je n'ai plus la force de me renouveler sur les charmes et le patriotisme de la poésie de Pouchkine. Les cours de civisme et d'idéologie sont d'un niveau navrant. Épouse, je vis sans passion : Aliocha s'est usé dans notre petit deux-pièces, il s'entend mal avec ma mère. Quant à notre fils, il passe ses journées avec sa grand-mère; elle a plus d'influence sur lui que moi-même. Mais cela vaut peut-être encore mieux que de le laisser grandir au milieu de nos propagandistes du jardin d'enfants! Bien sûr, tout finit toujours par s'arranger, un jour sans doute obtiendrons-nous un appartement plus grand, mais nous serons peut-être si las déjà... »

L'individu quand même...

Tout contribue à la normalisation de l'individu : l'uniformisation des programmes d'éducation et d'enseignement, l'homogénéité des médias, l'unicité de l'idéologie, l'absence totale de choix dans l'habillement, le mobilier et l'habitat, la soumission de toutes les formes de la culture à des schémas pré-définis. Or, ici comme ailleurs, la nature humaine recherche les moyens de se singulariser, de se créer une identité autre que l'identité collective. Mais les possibilités sont réduites pour qui ne naît pas héros : un excès de singularisation vous classe immanquablement dans la catégorie des marginaux, quand ce n'est pas celle des dissidents.

Être trop différent n'est guère recommandé; même si cela ne vous amène pas de tracasseries administratives, le seul jugement de votre entourage pèsera vite sur votre quotidien. Il faudra donc trouver un moyen terme : se distinguer, afin de se rassurer sur son individualité, mais ne pas s'isoler, se maintenir aux limites de la norme.

Dès lors, selon le niveau social, culturel, selon la profession, la tradition nationale, tout un arsenal de moyens, des plus mesquins aux plus séduisants, est mis en place par les individus, consciemment ou non. L'autodéfense trouve ses armes où elle peut.

L'attachement à la propriété privée, paradoxalement, est l'un des phénomènes marquants de la société soviétique. Le « patrimoine foncier » à grande échelle a réellement disparu.

Mais il reste, simple ou exacerbé, l'attachement à quelques biens. D'abord, comme partout dans le monde, on veille sur tout. Et même un peu plus... Lorsque vous avez dû faire trois drogueries de trois quartiers différents pour quelques mètres de corde d'étendage, cet objet dérisoire prend une valeur précieuse. Dans les grands ensembles, une ménagère remportera sa corde une fois son linge séché. Son mari, lui, réservera tous ses soins à la voiture qu'il a pu finalement acquérir; elle représente trois ou quatre années de salaire, et deux ans d'attente après l'avoir commandée. Il faut voir les heureux propriétaires passer leurs dimanches à bichonner ces objets de luxe, encouragés dans leur passion par le nombre très limité de stations-service et de garages. Que dire enfin de ces voisins que nous avons aperçus, au cours de nos promenades tardives, derrière leurs fenêtres, en pyjamas, surveillant d'un œil inquiet leur trésor à quatre roues autour duquel nous semblions errer.

Parallèlement, la datcha (maison de campagne) représente un bien d'une valeur inestimable. L'ouvrier qui a pu, au fil des années, construire avec des planches trouvées çà et là, au hasard des possibilités, un petit cabanon sur un lot de terrain vendu par son entreprise, tient tout autant à ce lieu de repos que les membres de la caste officielle à leurs luxueuses villas dans le style traditionnel russe, qui se laissent deviner au milieu de campagnes boisées et touffues, malgré de solides palissades.

Être à la datcha, c'est être enfin chez soi, c'est pouvoir laisser s'étendre un désordre intime. C'est aussi la possibilité précieuse de faire pousser quelques fleurs, fruits ou légumes, qui agrémenteront la table quotidienne. Et puis, c'est se mettre à l'abri des indiscrétions; les propos les plus sincères que nos amis nous aient tenus, nous les avons entendus à l'ombre d'un pommier, protégés du voisinage par une haie de groseilliers ou un massif de pivoines.

La datcha signifie aussi la simplification de l'organisation des congés. Pour les parents, la possibilité de ne pas envoyer leur enfant en colonie trois mois durant. La grand-mère se fera un plaisir de s'installer à la campagne avec lui, à condition toutefois que l'on vienne régulièrement l'approvisionner de la ville, car pas question ici de trouver sucre, viande, farine ou, plus indispensable, une bouteille de propane.

Tout ce qui permet de passer ses loisirs loin du syndicat et de ses centres de repos est recherché. L'espace ne manque pas; forêts, montagnes et fleuves sont le refuge favori de tous ceux qui veulent échapper aux loisirs organisés. Un couple d'amis, ingénieurs tous deux, avait ainsi réalisé leur rêve : posséder une tente et une petite barque à moteur qui leur permettaient de passer tout leur temps libre sur une île de la Volga, à l'abri de la foule des promeneurs. Peu leur importait l'inconfort, l'abondance d'énormes moustiques, l'inévitable soupe de poissons : l'essentiel était de pouvoir passer là, avec leurs amis proches, des heures de grande intimité. Faire un feu de bois, bavarder autour, chanter, chatouiller la guitare, se laisser aller sans gêne à blasphémer contre son chef de service, médire sur tel supérieur ou tel membre du Parti, rêver à voix haute de voyages à l'étranger, d'un travail plus intéressant, telle était la vraie valeur d'une petite tente et d'une barque à moteur.

Une amie me montra un jour quelques coupes en argent qu'elle avait héritées de ses grands-parents. Les objets, remarquablement travaillés, étaient soigneusement enroulés dans des chiffons et cachés sous une pile de papiers au fond d'un tiroir. Je m'étonnai que de telles pièces ne fussent pas exposées dans la salle de séjour dont le décor trop sombre aurait gagné à être ainsi rehaussé. Cette amie mit son doigt sur la bouche pour que j'abaisse la voix, et m'expliqua que c'était là les seules belles choses que son mari et elle possédaient; en les exposant toute la cité serait au courant; il ne fallait pas risquer d'attirer les malfaiteurs; un vol briserait leur rêve secret de négocier ces objets un jour pour voyager à l'étranger.

A ce propos, nous avons été surpris du nombre de locataires qui se font capitonner leurs portes et installer des serrures de sécurité. La publicité pour ce type d'installations s'étale largement sur les panneaux d'affichage et dans les magazines. Tous nos amis tremblèrent pour nous pendant deux ans : comment pouvions-nous n'avoir qu'une simple serrure alors que notre appartement représentait pour les habitants de notre immeuble une véritable caverne d'Ali Baba ; comment ne comprenions-nous pas que nos disques de variété, nos vêtements, notre chaîne stéréo allaient fatalement attirer des cambrioleurs?

Se singulariser, sans que cela porte à conséquence, ce peut être aussi s'habiller à l'occidentale. Ce luxe exige un emploi rémunérateur ou, sinon, d'exercer en plus un travail au noir; surtout, de faire la chasse aux touristes et aux étrangers travaillant en URSS. En échange, on leur procure du caviar, une icône, un samovar, des billets pour les grands spectacles du Bolchoï ou le petit théâtre d'avant-garde de la Taganka, ou encore une bande d'enregistrement d'un chanteur contestataire clandestin. Ainsi çà et là, on rencontre certains jeunes gens ou jeunes filles que rien apparemment ne distingue d'un Français ou d'une Finnoise, si ce n'est leur conversation où la mode intervient sans cesse. Posséder dans son buffet des alcools étrangers, Martini, gin ou whisky, est également un signe distinctif, au point que, même vides, les bouteilles sont encore exhibées dans une vitrine. Mais tous n'arrivent pas à accéder à ces formes supérieures de la propriété privée. Alors, ici aussi, l'État maintient le suspense de la richesse grâce au Loto et à la Loterie nationale; on peut gagner une voiture, un réfrigérateur, une télé-couleur ou de l'argent sonnant et trébuchant. Les clients sont nombreux, mais la capitale est privilégiée et les provinciaux qui s'y rendent sont chargés par leurs amis et leurs collègues de travail de leur acheter ces précieux billets. Pour ceux qui refusent ce rêve hasardeux, il reste à leur imagination d'inventer un microcosme où leur personne renaîtra tant bien que mal. L'imaginaire, c'est l'infini du possible et, dans ce domaine, on trouve enfin de tout.

Ici comme ailleurs, le b.a.ba de l'original, c'est la collection. Les timbres bien sûr, mais aussi toutes sortes de choses qui fatalement orientent vers l'étranger : car comment réunir une variété d'un même objet dans un pays où tout est standardisé. Des étiquettes de bouteilles aux boîtes d'allumettes, en passant par les voitures minitiatures, les coupe-papier, les mètres ruban et jusqu'aux lames de rasoir : tout nous fut demandé, commandé, par des gens de tout âge.

A l'autre pôle de l'originalité, le grain de folie de ce Juif de Leningrad chez qui des amis communs nous avaient emmenés. Nous avions été prévenus : ne faites pas attention au désordre, c'est un type spécial, il se construit un hélicoptère dans son appartement. Nous avions naturellement compris qu'il s'agissait d'une maquette ou de quelque chose de ce genre. Lorsque la maîtresse de maison nous ouvrit la porte, un large sourire aux lèvres, ses premières paroles furent pour nous mettre en garde :

« Attention où vous mettez les pieds, Yacha laisse toujours traîner toutes sortes de pièces. Et puis excusez-nous, ce n'est pas grand et en plus il a installé l'atelier dans notre chambre, alors du coup nous vivons uniquement dans le séjour et la cuisine, avec les enfants. Pour cette nuit, bien sûr, puisque vous êtes là, on poussera un peu le matériel... »

Ces préambules terminés, elle nous fit pénétrer dans un grand bazar où cuisine, chambre à coucher, bibliothèque, salle à manger se chevauchaient sans jamais laisser le regard s'apaiser. Notre hôtesse nous installa immédiatement autour d'un coin de table recouvert d'un bout de nappe, et se mit en devoir de nous recevoir, en dépit de l'inconfort, dans toutes les règles de l'hospitalité russe. En fin d'après-midi, son mari arriva. La quarantaine, petit, trapu, le visage inondé d'un sourire rieur, il portait, comme tous ses compatriotes, un cartable bourré qu'il posa sur la table. Nous savions que les cartables renferment toujours dans ce pays tout autre chose que de la paperasserie. Qu'ils sont simplement destinés à recevoir ce que les magasins pourront vous proposer d'intéressant tout au long du trajet qui mène de votre lieu de travail à votre appartement : oranges, oignons, vodka, jus de mangue, chaussures françaises, cosmétiques polonais ou dentifrice syrien, tout étant possible. Mais, à notre étonnement, sa femme ne se précipita pas pour en découvrir le contenu : elle alla discrètement le porter dans « l'atelier ». A la fin de la soirée, nos hôtes ayant pu s'assurer de notre totale honnêteté décidèrent de nous raconter leur projet. Lui, travaillait dans une usine d'aviation et s'était mis en tête de construire un hélicoptère qui leur permettrait un jour de passer en Finlande pour rejoindre Israël. Comment procédait-il? C'était bien simple : depuis déjà deux ans, il sortait régulièrement des pièces de l'usine; soit qu'il les récupérât parmi les défectueuses, soit qu'il les volât purement et simplement. Nous ne savions que dire, perplexes sur les possibilités de réalisation d'un projet aussi fou. Pour Yacha, qui aimait exercer avec nous cet anglais qui lui servirait demain, « *no problem* ». Son sourire ne le quittait jamais, le projet ne pouvait que réussir et occupait visiblement son esprit vingt-quatre heures sur vingt-quatre depuis qu'il l'avait conçu. Définitivement mis en confiance parce que nous ne nous étions pas moqués de lui, il nous prit par le bras et nous conduisit dans son antre : une pièce noire — les rideaux restaient toujours tirés — au centre de laquelle, dans un indescriptible fatras de ferraille, d'outils et de plans, se dressait l'ossature du monstre qui, un jour, passant par le balcon du cinquième étage, devrait emporter dans les airs ce petit couple apparemment si ordinaire.

Tenter d'échapper au rabot de la normalisation ne relève pourtant pas forcément de l'exploit d'Icare. Il y a plus simple et plus courant.

C'est à ce phénomène qu'appartient par exemple le refus de nombreux parents de mettre leurs rejetons à la crèche ou au jardin d'enfants. L'élever soi-même durant les premières années, ou le confier à ses grands-parents, cela signifie le soustraire dans une certaine mesure à un enseignement trop marqué idéologiquement, lui donner quelques chances d'acquérir ce brin d'esprit critique qu'aucune structure sociale ne lui apportera. Si cet état d'esprit est relativement récent, il est aussi de plus en plus répandu parmi les jeunes générations de parents. On préfère occuper son enfant à la lecture de quelques bonnes pages de littérature enfantine, le promener des heures durant au jardin zoologique, le laisser dessiner librement, inventer ses propres jeux, plutôt que de le confier à des écoles où le monde de l'imaginaire a perdu ses lettres de crédit.

Protéger ses enfants contre une éducation trop monolithique n'est pas une mince affaire, mais se protéger soi-même contre l'assurance qu'affichent les représentants du pouvoir tient de l'héroïsme. Généralement, il n'y a rien d'autre à faire que se soumettre aux règles écrites ou tacites. Un soir, sortant du théâtre, nous décidâmes avec des hôtes arméniens de dîner au restaurant, en plein cœur de Moscou. Par chance, il faisait très froid et, pour une fois, nous n'eûmes pas à affronter la file des clients en attente. Mais au moment où, après avoir laissé nos manteaux au vestiaire, nous allions entrer dans la salle à manger, nous fûmes arrêtés par le maître d'hôtel, cerbère en chignon et tailleur noir : Jean, sous son petit costume très parisien, ne portait qu'une simple chemise, sans cravate. Nous questionnâmes sur la qualité particulière de ce lieu, mais rien ne le distinguait des autres restaurants de Moscou, si ce n'est cette représentante de l'administration hôtelière qui imposait à sa manière la loi. Il est en effet connu qu'une tenue soignée est exigée dans les restaurants du pays, mais à notre connaissance aucun texte ne précise le nombre et le détail des vêtements à porter dans ces circonstances.

Sans doute, ce jour-là, la cuisine était-elle en panne d'approvisionnement, ou bien attendait-on quelques hôtes privilégiés, ou encore notre charmante porte de prison avait-elle très peu envie de travailler. Le fait est que rien n'y fit : ni nos prières ni nos colères, auxquelles elle répliqua que les prolétaires n'avaient pas fait la révolution pour que l'on vienne sans cravate dans un restaurant. Nous repartîmes avec le seul regret de n'avoir pas eu sur nous l'un de ces petits cadeaux passe-partout qui aurait à coup sûr fait oublier toutes les cravates et toutes les révolutions du monde.

Le lendemain même, nous fûmes consolés de cette humiliation par une scène comme la rue n'en offre pas souvent et qui donne à chaque spectateur la chaude sensation d'être vengé des mille et une misères que lui font subir tous les ronds-de-cuir et tous les représentants de l'ordre du pays.

Alors que nous sortions de l'ambassade de France, dans la rue Dimitrov, artère de grande circulation, une vieille paysanne, foulard autour de la tête, balluchon sur l'épaule, tentait de se faufiler au milieu des voitures, risquant sa vie à chaque instant. Cette façon de faire est interdite : les piétons sont en effet tenus d'utiliser les souterrains et, en leur absence, d'aller jusqu'au passage qui leur est réservé. Le malheur voulut que, non loin de là, un jeune milicien débutait avec zèle dans ses fonctions et, sans doute pour l'inaugurer, il se mit à user sans ménagement de son sifflet en direction de la vieille. Celle-ci ne voulut rien entendre et, après avoir fait trembler aussi bien les automobilistes que les passants, finit par se retrouver sur l'autre trottoir.

Ému de peur mais surtout de pouvoir faire preuve de son autorité, le jeune milicien boutonneux s'approcha de la paysanne et se mit à la sermonner avec véhémence. Emporté par le flot de son propre discours et désireux de dresser procès-verbal, c'est à peine s'il eut le temps de réaliser la situation lorsqu'il reçut sur sa joue rose une gifle donnée de main de maître et accompagnée de ces mots : « Non mais dis donc, espèce de blanc-bec, tu pourrais être mon petit-fils et tu viens me donner des conseils, voyez-vous ça! » et la vieille s'en fut, balluchon sur l'épaule, laissant le jeune homme en uniforme gris la joue en feu au milieu des passants visiblement heureux et ragaillardis par ce spectacle.

Casser la monotonie de la vie culturelle n'est pas une mince affaire. Les occasions sont rares, les places chères. Production cinématographique, création théâtrale, romans ou livres d'art, expositions de peinture : il n'est guère facile de découvrir du neuf. Le ministère de la Culture est un tamis aux mailles très fines qui ne laisse rien passer d'autre que les œuvres qui servent immanquablement l'édification du socialisme. Lorsque les chiffres de l'editión parlent de tirages à trois cent mille exemplaires, il s'agit de romans très ordinaires, d'histoires d'amour à l'eau de rose entre un ouvrier et une kolkhozienne, de poésie sans envergure. C'est ce que l'on trouve dans toutes les grandes librairies du pays aussi bien que dans les petits kiosques de quartier. Pourtant, lorsqu'après quelques décennies de disgrâce, fut annoncée la publication des œuvres complètes de Dostoïevsky, on put voir des files de lecteurs passionnés attendre, dès six heures du matin, l'ouverture des librairies. Tous les amateurs de bonne littérature savaient que ce genre d'ouvrage ne pouvait bénéficier d'un gros tirage et que l'occasion ne se représenterait plus.

Au cours de notre séjour, furent rééditées, après un long black-out, quelques grandes œuvres de Boulgakov et Mandelstam. A notre surprise, nous n'en vîmes jamais dans aucun magasin, et tous nos amis nous supplièrent de leur rapporter de France ces livres, car « leur » édition avait été réservée en majeure partie à l'exportation.

Dans ce domaine, nous fûmes sans délai initiés aux mystères de la distribution. Quelques jours après notre arrivée, j'entrai par hasard, sans rien chercher de précis, dans un magasin de livres d'art au centre de la ville. Jetant un coup d'œil curieux aux comptoirs couverts d'ouvrages sur les villes anciennes ou les classiques de la peinture russe, j'aperçus un client qui consultait un petit livre au graphisme alléchant. Il s'agissait d'un recueil de reproductions sur l'art de l'affiche publicitaire dans les années trente. Époque maltraitée par les historiens soviétiques, mal connue donc dans le pays même, peu d'ouvrages lui sont consacrés. La découverte m'amusa. J'en demandai naturellement un exemplaire au vendeur qui fit longtemps mine de ne pas m'entendre. Cependant, ma tenacité eut gain de cause et, discrètement, il alla chercher un livre dans l'arrière-boutique. La mauvaise grâce avec laquelle il me vendait sa marchandise me mit la puce à l'oreille et je m'enhardis à lui en demander un second. Il refusa, prétendant qu'il n'y en avait plus. J'insistai à voix bien haute. Craignant sans doute que j'en vinsse au scandale, il me donna satisfaction. Heureuse de cet achat, dont les circonstances me laissaient supposer qu'il s'apparentait à la trouvaille, je l'exhibai à une voisine dont la seule réaction fut de m'expliquer qu'en pareil cas, ce n'est pas deux, mais dix exemplaires qu'il faut acheter en pensant aux amis. Il s'agissait là d'un livre à très petit tirage que les vendeurs réservent à leurs proches ou à leurs clients les plus intéressants... Qu'à cela ne tienne, j'y retournerai le lendemain matin dès l'ouverture. Chose dite, chose faite, mais cette fois j'eus beau insister. on me répondit de façon catégorique qu'il n'y en avait plus. Je cherchai sur la dernière page l'annonce du tirage : dix mille exemplaires.

Les films qui ont maille à partir avec la censure ne passent que dans des petits cinémas de quartier : ce fut le cas du *Andreï Roublev* de Tarkovsky; le film fut projeté avec quelques sérieuses amputations dans des salles éloignées où seuls les cinéphiles ont le courage de se rendre.

Le théâtre, lui, a ses lieux : on sait où l'on a quelque chance de trouver une mise en scène sortant de l'ordinaire;

pour l'exceptionnel, Moscou a son théâtre de la Taganka, minuscule, devant lequel se produit chaque jour une véritable chasse aux billets. Une amie me téléphona un jour : « Je t'invite à la Taganka ce soir, j'ai trouvé deux billets. » Comme je lui demandais quelle pièce s'y jouait, elle fut prise de court : l'essentiel pour elle était d'avoir déniché ces précieux passeports, peu importait le reste.

La musique est le seul art sur lequel l'idéologie n'ait pu encore trouver prise, si ce n'est toutefois en réduisant à néant l'influence des recherches modernes. On peut régulièrement assister à de bons concerts classiques à Moscou; les artistes y sont de grande qualité. Mais, là encore, l'abondance de la demande par rapport à l'offre, notamment lorsque se produisent des célébrités étrangères, est telle que se procurer un billet emplit d'un réel bonheur.

Nous avons pu assister à un concert donné par l'orchestre de San Francisco que dirigeait Seiji Osawa. Jamais nous n'avions vu tant de recueillement, de visages avides, pour un concert classique; jamais surtout une telle liesse, une telle explosion d'émotion, de joie pour couronner le spectacle. Les fleurs pleuvaient sur la scène, le public criait son délire, ne songeait même pas à partir, fasciné par l'exceptionnelle qualité du concert.

Recréer un univers à la mesure de l'individu peut également se faire par voie collective : ainsi certains groupements professionnels ou de caractère régional ou national renouent avec la solidarité. Nous avons connu à Moscou des Arméniens faisant partie d'une sorte de club d'entraide. Cette communauté, que ne gère aucune administration et qui ne vit que soutenue par la conscience à vif des Arméniens de Moscou, doit beaucoup à quelques personnalités aux revenus suffisamment importants; son but : soutenir matériellement mais aussi moralement les étudiants venus du pays dans la capitale, les peintres ou autres artistes, certaines familles dans la difficulté. La communauté constitue une sorte de mécénat moderne. Elle n'exige et n'attend aucun remerciement pour son aide, elle ne fait que suppléer une structure d'assistance qualitativement déficiente.

Inversement, l'indifférence à autrui, dans la mesure où celui-ci ramène au collectif, peut également signifier un désir de se protéger soi-même. Mais la fuite, la lâcheté, devant cet autre système d'autodéfense qu'est la violence, font parfois frémir.

A l'époque, la scène suivante s'était produite à Moscou : la nuit, dans un autobus, deux voyous prirent à partie une jeune passagère, la provoquant d'abord gentiment, puis avec de plus en plus d'agressivité, l'insultant, la bousculant, allant jusqu'à la frapper. Des cinq ou six personnes, hommes et femmes d'âges divers, qui se trouvaient dans l'autobus, pas une ne broncha, chacune prenant soin au contraire de détourner son regard de la scène et de se plonger dans son journal. Finalement, et après un long moment passé ainsi, les deux voyous cessèrent leur jeu, montrèrent leur carte de police et embarquèrent au poste tous les passagers pour manquement à leur devoir civique. Si la moralité de cette histoire est chargée de poser une auréole sur les crânes des policiers soviétiques, en revanche elle ne couvre pas de gloire le citoyen ordinaire.

Un soir, pour recevoir de la meilleure façon possible des personnalités françaises de passage à Moscou, nous avions retenu une table au restaurant de l'hippodrome, réputé pour sa cuisine et son ambiance. L'immense salle était comble. Sous une fresque à la gloire de la gent chevaline, l'orchestre deversait son étrange musique alternant les valses du début du siècle et les rocks américains des années cinquante, ce qui permettait aux couples les plus âgés de se reposer tandis que les jeunes se déhanchaient furieusement pour ressembler le plus possible à Elvis Presley. Vin, vodka et champagne coulaient à flot, survoltant l'ambiance et abolissant bien des barrières. Rapidement, deux jeunes couples de Soviétiques rapprochèrent leur table de la nôtre et commença la course aux toasts. C'était à qui ferait la preuve de sa richesse et de sa générosité en commandant d'un claquement de doigts les meilleurs vins et les cognacs arméniens les plus rares, comme pour nous prouver qu'ici aussi l'argent ouvre toutes les portes. Nos amis d'un soir, de toute apparence familiers des lieux, tiraient manifestement plus de profits des paris officiels ou clandestins que de leur modeste emploi d'ingénieurs du bâtiment. Leurs femmes affichaient une évidente joie à danser avec des Français, et leurs partenaires n'étaient pas peu fiers d'étreindre des Occidentales fumant des Kent et autres cigarettes américaines.

Les onze heures du soir fatidiques arrivèrent bien vite, et l'administrateur demanda à l'orchestre de cesser sa musique pour permettre aux clients de finir leurs plats, leurs verres et de vider les lieux. Mais les musiciens n'avaient pas terminé leur contrat privé : en effet, à coups de billets de dix roubles, nos amis avaient commandé à notre intention tout le répertoire de mélodies françaises qu'ils connaissaient, des *Feuilles mortes* à *Un gamin de Paris*. L'administrateur ne se manifesta pas jusqu'à l'arrivée des deux miliciens de service qui firent éteindre le grand lustre XIXe siècle, hâter les dernières additions. A onze heures trente, la fête était brutalement finie et tout le monde se retrouva dans l'air glacé du parc.

L'un de nos compagnons soviétiques, voulant pousser son occidentalisme jusqu'au bout et visiblement à dessein de nous épater, prit la femme de son ami par la taille. S'ensuivit une petite prise de bec et tout sembla rentrer dans l'ordre après que chacun eut retrouvé son propre bien. Ils marchaient à quelques pas devant nous, se donnant des tapes dans le dos comme pour se prouver que l'incident était clos. Mais subitement les coups se firent plus sérieux et les femmes jusque-là neutres se mirent elles aussi à s'insulter bruyamment en se traitant mutuellement de « putains » et en s'envoyant de violents coups de sacs à main.

La foule des fêtards s'écarta rapidement, s'engouffrant dans des voitures, des taxis ou dans l'obscurité de la nuit. Effrayée par la violence de la bagarre, j'accourus auprès des miliciens pour leur demander d'intervenir : ils étaient à l'intérieur du restaurant en train de vider, au sens littéral du terme, leur pot de vin pour avoir fermé les yeux sur la demi-heure de retard. Peu empressés de sortir, ils me demandèrent simplement si j'étais impliquée dans l'affaire et, si je ne l'étais pas, de rentrer chez moi.

Quelques instants plus tard, ils remontaient dans leur Volga bleu et jaune et disparaissaient à leur tour. Alors, dans la cour du restaurant pratiquement déserte, nous fûmes, avec quelques rares curieux, les seuls témoins de la bagarre qui avait éclaté sous un prétexte aussi bénin et auquel les vapeurs d'alcool donnaient maintenant un tour dramatique. Car après avoir encaissé quelques coups de tête qui lui avaient ouvert l'arcade sourcilière, l'un des protagonistes sortit de sa poche un superbe rasoir, jeta son ami à terre et lui trancha la gorge. Sans notre intervention et la promptitude de l'ambulance que nous appelâmes par téléphone, le malheureux se serait complètement vidé de son sang. De toute façon, il était certainement trop tard pour lui. Dès qu'ils entendirent la sirène du véhicule d'urgence, les trois comparses complètement dégrisés et les Soviétiques témoins du drame s'enfuirent, laissant à son destin la victime. Lorsque la police arriva sur place pour le constat d'usage, elle ne trouva que quatre Français absolument pas impliqués dans l'affaire, qu'elle pria de s'en aller sans poser la moindre question.

Cette fameuse violence sauvage dont on nous rebattait les oreilles et à laquelle nous ne croyions qu'à demi, cette lâcheté des témoins qui ne veulent surtout pas avoir d'histoires avec la police, nous venions de les vivre, et nous avions vu de nos propres yeux qu'un citoyen aimable, empressé, aussi *koultourny* d'apparence, dissimulait dans son veston un rasoir soigneusement plié.

Personne ne s'étonna de ce récit. On savait l'aristocratie des trafiquants de l'hippodrome prompte à jouer du revolver et du rasoir, et le « Milieu » de Moscou à l'abri des besoins en roubles et en devises grâce à ses liaisons avec la presse étrangère de droite. Tous les récits d'agressions et de viols n'étaient peut-être pas le seul produit de l'imagination de nos voisins qui nous mettaient sans cesse en garde contre les sorties nocturnes ailleurs que dans les lieux fréquentés par des étrangers. Heureusement, on trouve à l'autre extrémité de l'échelle culturelle une sorte d'élite toute de sensibilité, d'amour et de respect pour son prochain.

Les inconditionnels de l'art s'enferment dans un monde clos qui leur permet d'échapper à toutes les mesquineries de la vie quotidienne pour sauvegarder avec l'énergie du désespoir les œuvres interdites, aider, tel le club des Arméniens, la création sous toutes ses formes. Notre goût pour la musique, nos relations amicales avec de grands interprètes nous permirent de vivre une de ces soirées précieuses de Moscou que l'on enferme dans l'écrin des grands bonheurs d'une existence.

Sous le sceau du secret le plus absolu, on nous demanda de réserver une soirée et, sans plus de détail, un rendez-vous nous fut fixé pour dix-neuf heures au jour dit devant le musée Pouchkine. Lorsque les portes du très national lieu de la culture soviétique se furent refermées et que nous nous trouvâmes au milieu de gens très souriants et décontractés, notre amie portant robe longue et soigneusement maquillée nous annonça que nous allions assister à un concert privé d'une exceptionnelle qualité. L'orchestre de chambre, qui allait interpréter tout au long de la soirée des concertos de Vivaldi, rayonnait de jeunesse et d'intelligence et avait pour solistes les étoiles montantes du violoncelle et du violon.

Nous étions mêlés à l'intelligentsia juive de Moscou,

composée de vieux libéraux, fins mélomanes qui, avec la complicité du conservateur du musée, avaient réussi à mettre sur pied ce concert pour enfin entendre à Moscou leurs enfants dans un cadre digne de leur immense talent. Une centaine de chaises étaient disposées dans la grande salle Rembrandt du musée au parquet marqueté de bois précieux et à l'acoustique parfaite. Exceptionnelle, elle le fut par la qualité de l'interprétation, le silence recueilli et admiratif, la pudeur à laisser éclater les applaudissements et les cris, de peur de rompre le charme de cette si forte et si précieuse intimité. Il fallut attendre la fin du concert, après huit reprises, pour que nous assistions à un déchaînement de tendresse et une tempête d'applaudissements. Chaque invité, bouquet de fleurs à la main, alla embrasser, étreindre, féliciter les larmes dans les yeux chacun des musiciens sous l'œil bienveillant de ces Rembrandt qui, de toute évidence, n'avaient pas connu depuis des lustres un bonheur aussi fortement exprimé.

Comment, dans un pays où les labyrinthes du ministère de la Culture interdisent toute manifestation spontanée, une telle soirée avait-elle été possible? Nous n'avons pas osé poser une question aussi indiscrète qui aurait pu laisser à penser que notre présence n'était pas d'une totale innocence. Mais l'on nous apprit qu'à force de ténacité, de relations sûres, de complicités profondes, on peut organiser l'impossible, même si au bout de la démarche les artistes savent que leur carrière en souffrira.

Et personne jamais ne pourra faire cesser l'écho d'une soirée d'hiver à Moscou lorsque l'affiche du concert ne comportait que des virtuoses, et aussi Vivaldi et Rembrandt.

Au-dehors, la neige tombait doucement. Saint-Bazile-le-Bienheureux était illuminé pour les fêtes de fin d'année.

Moscou, 28 août 1974

Dans trois jours, nous quittons l'Union soviétique.

Nous y avons passé plus de sept cents jours et, assis sur un banc du mont Lénine, nous recherchons le fil d'Ariane de cette expérience, l'influence qu'elle a eue sur nos consciences de communistes français.

Retenus à cette heure encore par les rênes de notre pratique militante, nous nous efforçons d'établir un bilan faisant la part du négatif et du positif. C'est une gymnastique à laquelle nos schémas de pensée sont habitués. Et dire de l'URSS qu'elle n'est ni un enfer ni un paradis, lui donne implicitement un statut de société à l'image de la nôtre, avec ses hauts, ses bas, ses gens bien, ses gens médiocres, ses aspects attachants et son côté terrifiant. Malheureusement, si nos esprits veulent garder raison, il va falloir renoncer à ces jugements confortables.

Nous avons été trop souvent, et en chacune des circonstances de la vie quotidienne, confrontés au mépris écrasant de l'État envers l'individu, sa réflexion et son initiative personnelles, pour continuer à penser que ces tares ne sont que le fruit d'erreurs ponctuelles, passagères, remédiables et non une perversion fondamentale du socialisme pour lequel se sont battus les bolcheviks de la première heure.

Rien de ce qui se passe dans la société soviétique n'est rationnel. Chaque événement, chaque jour qui se lève ajoutent un mystère de plus à la marche normale du temps. Dans un pays où on attendait que la collectivisation et la socialisation permettent une avancée sans soubresauts, nous n'avons rencontré que des situations extrêmes, contraignant les esprits à un éveil permanent pour discerner, comme en un nouveau réflexe, si la minute qui va suivre sera faite de joie ou d'angoisse. Un train qui part à l'heure, un avion qui n'arrive pas en retard, un rapport humain anonyme empreint de chaleur, un magasin bien approvisionné, un projet raisonnable mis à exécution sans trop de problèmes : autant de situations exceptionnelles qui permettent encore aux hommes et aux femmes de bénir Dieu à tout bout de champ pour le remercier de n'avoir pas provoqué une catastrophe en lieu et place d'un événement normal.

Les Soviétiques ne se racontent jamais leurs démêlés kafkaïens avec l'administration ou leurs problèmes inextricables de consommation. Mais dans une discussion intime quelqu'un pourra susciter l'étonnement général en affirmant qu'il lui restait dix minutes pour prendre le train, que contre toute vraisemblance il a pu acheter un billet immédiatement, que. affamé, il s'est précipité au buffet; ô miracle, il est ouvert, la vendeuse sert un sandwich de pain frais avec le sourire, elle a la monnaie d'un billet de cinq roubles qu'elle rend avec grâce et ainsi notre voyageur peut attraper son train normalement, sans attendre une nuit dans une gare. Voilà une situation bien exceptionnelle que vos interlocuteurs auront du mal à croire. Si quelqu'un déniche un livre intéressant ou une denrée rare au prix coûtant sans passer par le marché noir, il s'en glorifiera pendant des semaines.

Ces étonnants phénomènes, qui donnent à la majeure partie de la population une égalité de fait dans les rapports à la société, ont créé un mode de vie extrêmement attachant mais qui ne doit rien à une quelconque volonté du pouvoir. Au contraire. Ce mode de vie est à l'inverse du discours théorique qui se voudrait sécurisant et qui rejette dans sa littérature de propagande toute notion de prise en charge de l'individu par lui-même.

Le Parti-État se réclame père de chaque citoyen et revendique le droit exclusif de disposer de son bonheur individuel. La société soviétique a engendré, à son stade actuel de l'Histoire, une mécanique qui semble animée par le seul hasard. Et pour échapper aux sautes d'humeur de l'imprévu, les hommes se créent des microcosmes.

S'enfermer entre amis dans un appartement est une formidable vengeance sur les vicissitudes du quotidien. Dans ces conditions, comment imaginer que l'exigence qualitative puisse servir de ressort social, d'autant que le concept de démocratie est réduit à un faux-semblant de discussion canalisé par le Parti lui-même dans ses réunions, celles du syndicat, des organisations associatives et dans l'ensemble des véhicules de l'information qu'il contrôle et dirige?

Tous ces phénomènes ont engendré la sinistre expression de chape de plomb omniprésente dans le discours antisoviétique. Or, sous ce vocable ou tout autre, elle existe bel et bien, à tous les stades, dans chaque acte ou chaque pensée. A l'exception des trafiquants, des nantis du régime, fonctionnaires de haute lignée ou dirigeants du Parti et de l'État, la majorité silencieuse vit dans l'attente d'un événement heureux ou malheureux mais dans tous les cas sur lequel elle n'aura aucune prise. La seule certitude du citoyen est qu'une bouteille de vodka est capable de le griser et de lui donner fugitivement l'oubli. Et dans cet univers sans réaction, hypnotisé par les biens matériels, survivent dans une lutte à mort de tous les instants des esprits éclairés, refusant le soviétisme, forts d'une morale propre et de principes stricts. Ils écrivent, peignent, composent avec la farouche volonté de maintenir une tradition culturelle dont ils se savent les héritiers. Et puis un jour, ils baissent les bras, demandent un visa pour l'étranger, sont expulsés ou déchus de leur nationalité : ils sont alors définitivement perdus pour leur peuple de l'intérieur qui souvent, et sans trop le savoir, vit grâce à leur courage, à leurs espoirs et à leur ténacité.

Ces hommes ne sont pas obligatoirement des dissidents ou des marginaux avoués. Ce sont des a-soviétiques sans droit ni titre, sans statut ni communauté. Ils n'entendent pas la radio lorsqu'elle égrène des discours lénifiants, ils ne voient pas la télé lorsqu'elle perd son temps à exalter le travail socialiste, ils ne voient ni les journaux muraux, ni les banderoles, ni les slogans. Ils ne veulent pas savoir que le 1er Mai est la fête internationale de la solidarité des travailleurs. Et s'ils entendent des marches militaires, ils se demandent quelle expérience sociologique peut bien se jouer sous leurs fenêtres. Ces gens n'existent pas officiellement. Architectes de qualité, ils font des croquis de sciences naturelles pour les éditions enfantines; peintres de talent, ils retouchent les tristes dessins en trichromie du *Krokodil;* écrivains, ils composent des manuels scolaires.

Ces nègres de la société soviétique, nous en avons rencontré. Renfermés, ne cherchant pas à briller, ils ont systématiquement refusé de dialoguer avec nous pour la seule raison que nous étions communistes, répondant à toutes nos interrogations par un pauvre sourire et un lent hochement de tête.

Avec les témoins de Jéhovah, les adventistes du Septième Jour, les membres des diverses sectes, les homosexuels et autres parasites, ils sont tôt ou tard candidats au traitement psychiatrique, soit parce qu'ils sont jugés comme marginaux par leurs semblables, anormaux par la loi, soit parce que la société soviétique les a réellement rendus fous en les transformant en êtres traqués, toujours en sursis.

Une panne de voiture nous a contraints une nuit à frapper à la porte d'un couple d'enseignants d'une petite ville de province que nous avions hébergés chez nous. Il était quatre heures du matin et nous n'avions pas d'autre solution. Au bout d'un long moment, la porte s'ouvrit découvrant nos amis déjà vêtus, persuadés que l'on venait les chercher « avant l'heure du laitier ». Ils n'avaient rien à se reprocher, mais, petits-fils de Staline, ils savaient que tout est toujours possible, que la délation d'un collègue de travail ou d'un voisin peut engendrer les pires situations.

C'était en avril 1974 à trois cents kilomètres de la capitale.

Raconterons-nous cet épisode à nos meilleurs amis, raconterons-nous la soirée avec ce komsomol qui préférait Hitler au pouvoir des soviets? Nous nous posions déjà ces interrogations sur le banc de l'ancien mont des Oiseaux.

Nos bagages regorgeaient de matriochkas, de plateaux peints et de foulards multicolores. Ne serait-il pas souhaitable dès notre retour de tirer un trait sur ces situations de cauchemar?

Moscou s'étendait à nos pieds, ville concrète, vivante, de chair et d'os : en un mot, ville physiquement normale et qui servait de support au bouleversement de nos consciences.

On apercevait au loin le monastère de Novodievitchi, dont la beauté des bulbes bleu et or nous fascinait. La flèche du monument aux cosmonautes, si proche de la statue à la gloire de l'ouvrier et de la kolkhozienne, symboles qui nous avaient tellement exaltés lors de nos précédents voyages.

Nous passions en revue ces gigantesques queues sous la pluie pour voir, pendant cinq secondes, et après quatre à six heures d'attente, le visage de cire de Lénine; ces chœurs à arracher les larmes dans toutes les églises; la place Rouge, ses cortèges de touristes étrangers mais aussi d'Ouzbeks, de Géorgiens, de Mongols, de Vietnamiens; ces églises du Kremlin, Saint-Bazile-le-Bienheureux, le grand stade, les innombrables parcs, la Moskova, les gratte-ciel de Staline, la place Pouchkine, la tour de télévision, les divines icônes de Roublev à la galerie Tetriakov.

Et puis Moscou, c'était aussi son peuple, ses tristes magasins, son odeur indéfinissable qui colle à la peau, les marchandes de glace aux blouses blanches, les adjudantes de surveillance dans les stations de métro, les vendeuses de fleurs à la sauvette, les miliciens bons enfants, les balayeuses des squares, les ouvrières du bâtiment dans leurs uniformes molletonnés, l'étonnant marché aux oiseaux où l'on échange des chiens, des chats, mais aussi des castors et des écureuils, où l'on trouve des poissons, des perroquets, des graines et des nids. Quelle découverte ce fut! A deux pas de la Taganka et de la chaussée des Enthousiastes.

Pouvions-nous imaginer autant de mépris pour la personne humaine dans une ville ayant donné un tel nom de baptême à l'une de ses artères! Pouvions-nous imaginer que le cynisme et l'indifférence soient proportionnels à la taille et au nombre des portraits de Lénine et de Brejnev.

Pouvions-nous enfin imaginer qu'il restait un mot à inventer : celui qui qualifierait la notion de socialisme dépourvu de ce que nous croyions être son corrollaire obligatoire, la Liberté?

Et à chaque interrogation, les saisons et leurs exigences nous avaient contraints à reporter à plus tard ces questions. Les enfants grandissaient, secouaient notre torpeur pour les emmener visiter les hauts lieux de l'histoire de leur passagère patrie, ils apprenaient à rouler à bicyclette, ils portaient fièrement une médaille de Lénine sur leurs chapkas. La vie avait toujours repris ses droits nous contraignant à remettre ces interrogations au lendemain.

Et cet hiver qui dure six mois pendant lequel on se défend contre le gel, contre la grippe, où l'on savoure avec délices les longues balades dans les forêts du cœur de la ville et l'exotisme d'emmener ses enfants à l'école sur des luges, d'entendre de son lit le crissement chantant des cantonniers qui grattent chaque matin la glace du chemin...

Nous n'étions pas encore partis mais nous éprouvions déjà le besoin de graver en nos mémoires l'image des misères de toutes sortes que nous avions côtoyées.

Nous avions confusément peur d'oublier la réalité pour ne conserver que le livre de belles images, la chaleur de l'amitié, la tranquille sérénité des bouleaux, la gravité des visages qui est à elle seule une forme de lutte pour des hommes n'ayant pas d'autres moyens d'exprimer leurs angoisses.

Heureusement, aucun dirigeant, aucune circonstance historique n'ont encore réussi à éteindre leur sens de l'humour corrosif. Il reste l'arme invincible, dont le seul véhicule est la parole, l'unique contestation possible, l'ultime veilleuse de cet esprit critique envers soi-même que les détenteurs du pouvoir aimeraient voir s'envoler dans les vapeurs d'un enthousiasme de routine.

Au moment du point final à ces souvenirs quotidiens, ces impressions de rendez-vous manqué, ces sensations de souffrance que l'on voudrait transformer en force dynamique, on est encore tenté de chercher dans l'Histoire, celle des manuels de tous bords, des explications, peut-être même des justifications à toutes ces perversions d'un socialisme qui reste à inventer. Mais les manuels rapportent des faits, mettent des croix sur les calendriers, chiffrent les productions d'acier et de blé à la tonne près, et évoquent aux dizaines de millions près les peuples déportés, les individus exterminés, les cultures nationales anéanties.

Ils se citent les uns les autres, prudemment, de crainte de commenter trop précisément un sujet devenu tabou, à droite comme à gauche, parce que de toutes parts érigé en symbole de l'enfer ou du paradis.

Les Soviétiques, eux, vivent l'histoire de leur pays dans leur âme, mais aussi dans leurs nerfs, leur temps; leur vie individuelle enfin, dont il faudra bien finir par reconnaître l'existence et cesser de la réduire à une notion uniquement collective. Et ils ne s'y sont pas trompés : cette histoire a commencé par un rêve, loin des chiffres, et des courbes, et ce rêve aurait pu, peut-être, si...

Mais écoutons leur Histoire, racontée par eux-mêmes dans une toute petite histoire :

Un train roule et traverse l'URSS. Brusquement, il s'arrête. Le mécanicien affolé accourt dans un wagon : « Camarade Vladimir Ilitch, les blancs ont coupé la voie ferrée, le train ne peut plus avancer, qu'allons-nous faire? »

Lénine garde son sang-froid, retrousse les manches : « Allons camarades, tous au travail, armons-nous de pelles et de pioches et reconstruisons tous ensemble la voie ferrée, que les blancs sachent que nous ne nous laissons pas faire. »

Chacun s'outille, se met au travail en chantant et, peu après, le train repart.

Il roule à travers la plaine russe, des jours et des nuits, puis s'arrête à nouveau, loin de toute gare. Le mécanicien, blême, accourt : « Camarade Iossif Vissarionovitch, la voie ferrée est coupée, les contre-révolutionnaires sont passés par là, que faire? »

Staline n'hésite pas : « Il y a des traîtres parmi nous, que l'on fusille sur-le-champ la moitié des passagers; quant aux autres, qu'on leur passe la chemise rayée et qu'ils se mettent au travail jusqu'à ce que la voie ferrée soit reconstruite. Peu importent les moyens. »

Ainsi fait-on sur-le-champ.

Le train reprend sa route, traverse les forêts de bouleaux sous la neige, la taïga, et à nouveau le mécanicien voit les rails coupés devant lui. Cette fois, pense-t-il, mes minutes sont comptées, mais que faire, il faut bien avertir; et ruisselant de sueurs froides, il surgit dans un wagon : « Camarade Nikita Sergueievitch, les ennemis de la Révolution ne sont pas tous morts : la voie est à nouveau sabotée, nous ne pouvons poursuivre notre route!

— Ce n'est rien, camarade mécanicien : prenons les rails qui se trouvent derrière nous, reposons-les devant et ainsi de suite, nous pourrons avancer quand même. »

Et au fil des kilomètres, les rails étaient levés, déplacés, le train roulait.

Mais il était trop beau que cela dure : quelque temps plus tard, le mécanicien freine dans un grincement terrible; glacé de peur, il se présente dans un wagon : « Camarade Léonide Ilitch, vous ne me croirez pas, mais pourtant je vous assure, c'est vrai : les anti-soviétiques et les impérialistes ont encore coupé la voie. Que faire?

— C'est fort ennuyeux, répond Brejnev, mais on peut s'en sortir : que l'on baisse les rideaux de tous les compartiments et que l'on secoue de temps en temps les wagons pour que tout le monde ait l'impression que nous avançons... »

Table

IMP. BUSSIÈRE A SAINT-AMAND (8-81).
D.L. 2e TRIM. 1980. No 5586-2 (1661).

Collection Points

SÉRIE ACTUELS

DERNIERS TITRES PARUS

A15. Le Mandarin aux pieds nus, *par Alexandre Minkowski*
A16. Une Suisse au-dessus de tout soupçon, *par Jean Ziegler*
A17. La Fabrication des mâles
par Georges Falconnet et Nadine Lefaucheur
A18. Rock babies, *par Raoul Hoffmann et Jean-Marie Leduc*
A19. La nostalgie n'est plus ce qu'elle était, *par Simone Signoret*
A20. L'Allergie au travail, *par Jean Rousselet*
A21. Deuxième Retour de Chine
par Claudie et Jacques Broyelle et Evelyne Tschirhart
A22. Je suis comme une truie qui doute, *par Claude Duneton*
A23. Travailler deux heures par jour, *par Adret*
A24. Le rugby, c'est un monde, *par Jean Lacouture*
A25. La Plus Haute des solitudes, *par Tahar Ben Jelloun*
A26. Le Nouveau Désordre amoureux
par Pascal Bruckner et Alain Finkielkraut
A27. Voyage inachevé, *par Yehudi Menuhin*
A28. Le communisme est-il soluble dans l'alcool ?
par Antoine et Philippe Meyer
A29. Sciences de la vie et Société
par François Gros, François Jacob et Pierre Royer
A30. Anti-manuel de français
par Claude Duneton et Jean-Pierre Pagliano
A31. Cet enfant qui se drogue, c'est le mien
par Jacques Guillon
A32. Les Femmes, la Pornographie, l'Érotisme
par Marie-Françoise Hans et Gilles Lapouge
A33. Parole d'homme, *par Roger Garaudy*
A34. Nouveau Guide des médicaments, *par le Dr Henri Pradal*
A35. Rue du Prolétaire rouge, *par Nina et Jean Kéhayan*
A36. Main basse sur l'Afrique, *par Jean Ziegler*
A37. Un voyage vers l'Asie, *par Jean-Claude Guillebaud*
A38. Appel aux vivants, *par Roger Garaudy*
A39. Quand vient le souvenir, *par Saul Friedländer*
A40. La Marijuana, *par Solomon H. Snyder*
A41. Un lit à soi, *par Evelyne Le Garrec*
A42. Le lendemain, elle était souriante...
par Simone Signoret
A43. La Volonté de guérir, *par Norman Cousins*